ネッカー河畔から眺めたハイデルベルク城とアルテ・ブリュッケ

ゼーグリンゲン門の塔上から眺めたディンケルスビュールの街

ヘレンキームゼー島、ノイエス・シュロスの大広間

ノイシュヴァーンシュタイン、新白鳥城

ノイシュヴァーンシュタイン、新白鳥城に登る馬車

バイエルン地方の郷土舞踊

ローテンブルクのマルクス塔とレーダーアーチ

ミュンヘンのヴィクトゥアーリエン広場

ミュンヘンのマリーエン広場

ケーニヒスゼーと聖バルトロメー礼拝堂

リューデスハイムのワイン酒場風レストラン

メーアスブルクの見事な木骨組

ミッテンヴァルトの愛らしい壁画

ライン川の川中島にあるプファルツ城

ハイデルベルク城の中庭

ハイデルベルク。マルクト広場の朝市

・リーア大司教の宮殿。左後ろにローマ時代のバジリカが見える

シュヴェービッシュ・ハル。中世風の屋根付き木造の橋や木骨組の家々が美しい

新 潮 文 庫

ドイツものしり紀行

紅山雪夫著

新 潮 社 版

7713

はじめに

旅は楽しい。そして自分がいま歩いている町、目の前にしている建造物などについての歴史がよく分かれば、なおさら楽しく、旅の成果もまたいっそう豊かなものになる。ロマンに満ちた麗《うるわ》しの国ドイツを訪れる方々に、そういうふうに旅を楽しんでもらうための一助になりたいと、念願して書いたのがこの本である。

たいていの人はガイドブックだけを頼りに旅をしているが、ガイドブックなるものはポケットに入るぐらいのサイズで、そのなかに多種多様な情報を盛りこまねばならないという制約から、個々の見どころについての解説は、最少限度の短いものにならざるをえない。歴史的背景にまで踏みこんだ解説を加えることは、不可能に近い。

かねがね私はそういうガイドブックの限界について感じるところが多かったので、ヨーロッパ全域の旅について関係の深いことがらについては、さきに新潮文庫『ヨーロッパものしり紀行』シリーズの、〈神話・キリスト教〉編、〈くらしとグルメ〉編、〈建築・美術工芸〉編、〈城と中世都市〉編を世に問うた。幸いにそれが望外の好評を得ることができたことに励まされ、このたびはドイツという地域について、多くの方々に「旅の友」にしてもらえることを願い、この本を出したいと考えたわけである。新潮文庫としての題名は『ドイツものしり紀行』であるが、元になった本の題名は『ドイツの城と街道』であった。

旅に必要なさまざまの情報や、詳細な市街地図などが付いている一般のガイドブックと、この本とを併用していただければ幸いである。

ところで、旅のほんとうの楽しさは、心ゆくまで自分の足で歩き回ることだといってもよいのではなかろうか。ガイドに連れられて観光バスで町を一巡したら、もうその町での見どころはすべて見尽くしたかのように思っている人がけっこういるが、それはおかしい。そういった市内観光は町の概観を得るための下見のようなものだ、というのが私の主義である。市内観光で見当をつけておいて、あとは地図を頼りに自分の足で歩くところから、ほんとうの旅、いつまでも心に残る旅が始まると私は考えている。そんなときに役立つようにと、この本には私自身が歩き回ることによって得た情報をふんだんに盛りこんである。

参考資料としては、現地で入手したもののほか、次のような書物に教えられるところが多かった。ここに記して感謝の意を表するとともに、さらに詳細にわたる知識を得たいと思っておられる読者に、一読をおすすめしたい。

林健太郎編『ドイツ史』　山川出版社
魚住昌良著『ドイツの古都と古城』　山川出版社
坂井栄八郎著『ドイツ歴史の旅』　朝日選書
ジャン・デ・カール著、三保元訳『狂王ルートヴィヒ』　中公文庫
小塩節著『ライン河の文化史』　東洋経済新報社および講談社学術文庫
笹本駿二著『ライン河物語』　岩波新書
マイアーフェルスター著、番匠谷英一訳『アルト・ハイデルベルク』　角川文庫

この本や、『ヨーロッパものしり紀行』シリーズを世に出すについては、企画から編集に至るまでの労を取ってくださった新潮社の庄司一郎氏に、たいへんなお世話になった。ここに紙面を借りて厚く御礼を申し上げたい。

それではグーテ・ライゼ Gute Reise！　良い旅を！

紅山雪夫

ドイツものしり紀行＊目次

II　ミュンヘンとドイツ・アルプス街道

コラム

ドイツものしり紀行

あこがれ

アイヒェンドルフ作　檜山哲彦訳

金色《こんじき》に星はかがやき
わたしはひとり窓辺に立った、
しずかな野のかなたより
きこえくる郵便馬車の角笛ひとつ。

身体のうちに心は燃え立ち
ひそかにわたしは思った、
ああ、だれかともに旅する者はいないか
このすばらしい夏の夜に！

ドイツ全図

デンマーク
バルト海
北海
0 50 100
km
ロストック
リューベック
ハンブルク
ポーランド
エルベ川
オーデル川
ブレーメン
ベルリン
オランダ
ポツダム
ドイツ
ライプツィヒ
ライン川
ワイマール
デュッセルドルフ
ドレスデン
ケルン
コーブレンツ
ローレライ
ボン
プラハ
ベルギー
フランクフルト
マイン川
モーゼル川
バンベルク
チェコ
マインツ
ネッカー川
ローテンブルク
ニュールンベルク
トリーア
マイン・ドナウ運河
ハイデルベルク
ネルドリンゲン
ルクセンブルク
ドーナウヴェルト
ミュンヘン
イーザル川
フランス
ドナウ川
ストラスブール
ドナウ川
オーストリア
アウクスブルク
ボーデン湖
キーム湖
フュッセン
ライン川
リンダウ
イン川
ケーニヒス湖
コンスタンツ
インスブルック
バーゼル
スイス
ツークシュピッツェ

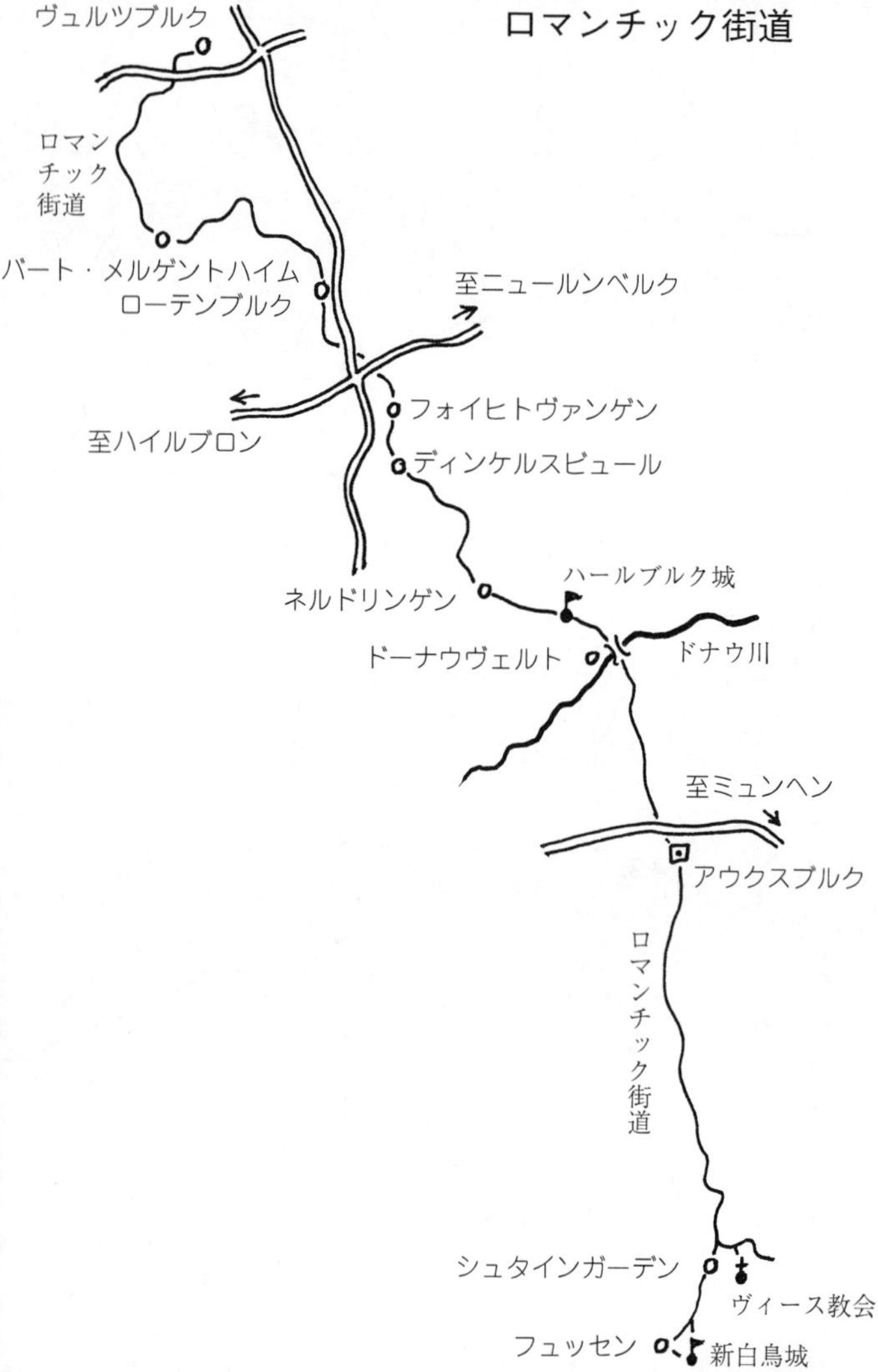
ロマンチック街道
ヴュルツブルク
ロマンチック街道
バート・メルゲントハイム
ローテンブルク
至ニュールンベルク
至ハイルブロン
フォイヒトヴァンゲン
ディンケルスビュール
ネルドリンゲン
ハールブルク城
ドーナウヴェルト
ドナウ川
至ミュンヘン
アウクスブルク
ロマンチック街道
シュタインガーデン
ヴィース教会
フュッセン
新白鳥城

Ⅰ　ロマンチック街道を行く

ドイツで最も美しい中世都市ローテンブルクや、夢幻の境に誘われるノイシュヴァーンシュタイン、新白鳥城などを訪ねて。

ローテンブルク

昔の城壁や家並みがそっくり残る

ドイツに一〇〇近くもある愛称付きの街道のうち、日本人に最もよく知られ、愛され親しまれているのはロマンチック街道だ。ドイツ語ではロマンティッシェ・シュトラーセという。北はマイン河畔の古都ヴュルツブルクから、南は新白鳥城で知られるアルプス山麓《さんろく》の町フュッセンまで、約三五〇キロに及び、その間にいくつもの城や、中世さながらの趣深い城壁都市などが点在しているので、ロマンチック街道の名がある。

なかでも最もすばらしいのは「生きている中世都市」と呼ばれるローテンブルク Rothenburg だ。中世の昔は商業や手工業で大いに繁栄し、帝国自由都市として諸侯と肩を並べる独立国のような存在であった。今なお残っている見事な城壁はこの時代にできた。それが近世に入って産業発展の波に乗り遅れたのがかえって幸いして、美しい街並みなどと共にほとんど手付かずで今日まで残ったのである。

緑豊かなタウバー川の深い谷に臨んで、高い塔を備えた城壁が連なり、古風な木骨組（七二ページ参照）の家々が軒を並べているありさまは、ほんとうに絵のようだ。

中世のドイツでは国王（皇帝）が選挙制になったせいもあって、中央集権の実が挙がらず、封建諸侯はほとんど独立国のようになってしまった。これを領邦君主国という。その間に商業や手工業の発展によって力を付けた都市もまた、諸侯の支配をはねのけ、名目的には皇帝に直属するという形で、実質的には独立の地位を得た。これが帝国自由都市と呼ばれるもので、ローテンブルクはその好例だ。

大小さまざまの領邦君主国とこのような帝国自由都市を合わせて、一九世紀の初めまでドイツには三〇〇以上もの独立国があった。それがナポレオン戦争の渦中《かちゆう》で整理統合され、三五の君主国と四つの自由都市に減ってしまう。ローテンブルクも一八〇二年に独立を奪われ、ナポレオンの忠実な同盟国だったバイエルン王国に併合されてしまったのである。

都市の発展につれて拡張された城壁

城壁で囲まれているローテンブルクの旧市街は、天狗《てんぐ》の頭を横から見たような形をしている。

二四ページの図の①、天狗の鼻にあたる部分はブルクガルテン（城の庭）と呼ばれ、一〇世紀頃から城があった所。ローテンブルク発祥の地である。

まず最初はこの城の城下町という形で商人の町が生まれ、一二世紀には図に点線で示してあるような第一次城壁が築かれた。天狗の顔にあたる部分で、城壁の長さは約一・五キロであった。

その間に町は城下町という性格から脱し、商人の町として独自の発展を始めていた。そうして一二七四年には皇帝ルードルフ一世から帝国自由都市というお墨付きを得ることができた。その頃にはもう第一次城壁の中だけでは狭過ぎてどうしようもなくなり、人家は城壁の外にどんどん広がっていた。

帝国自由都市になったのをきっかけに城壁の大拡張が行われ、それまで城壁の外にあった人家も取り入れられて、ローテンブルクは一層強力な都市になった。これが第二次城壁で、全長は二・四キロ。天狗の頭髪にあたる部分だ。首のまわりにまでからんでいるロング・ヘヤである。

第一次城壁の不要になった部分は取り壊され、その外側にあった堀も埋められて、跡地の一部は環状道路になり、残りは市民に分譲された。城壁と堀の跡地はかなりの幅になるが、中世の道路はせいぜい馬車がすれ違える程度の狭いものでよかったから、跡地をぜんぶ道路にする必要はなかった。城壁を拡張するには莫大《ばくだい》な費用がかかったので、跡地の残りを分譲して費用の一部にあてることが中世都市の常法になっていたのである。

ローテンブルク市民は、朝な夕なに眺め、一朝事ある時の頼りにしてきた城壁に大きな愛着を感じていたのであろう。城壁を取り壊した際に、図の⑬ヴァイサー塔と⑮マルクス塔・レーダーアーチだけはそのまま残しておいた。現在ではこのように塔とかアーチと呼ばれているが実際は城門である。

両者とも今となっては貴重な歴史的建造物であり、またマルクス塔・レーダーアーチは写真にも絶好だ。これら二つの城門と環状道路が残っていることから、我々は今でも第一次城壁と堀の跡を正確にたどることができる。堀の跡に造られた環状道路には⑰アルター・シュタットグラーベン（古堀通り）という名が付いているので、なおさら分かりやすい。

一五世紀に入って城壁はまた南の方へ部分的に拡張された。天狗の首にあたる部分だ。これが第三次城壁で、全長は三・四キロになった。この時も図の㉔ジーバー塔（実際は城門）は取り壊されないで残され、今ではローテンブルクの名所の一つになっている。

ローテンブルク

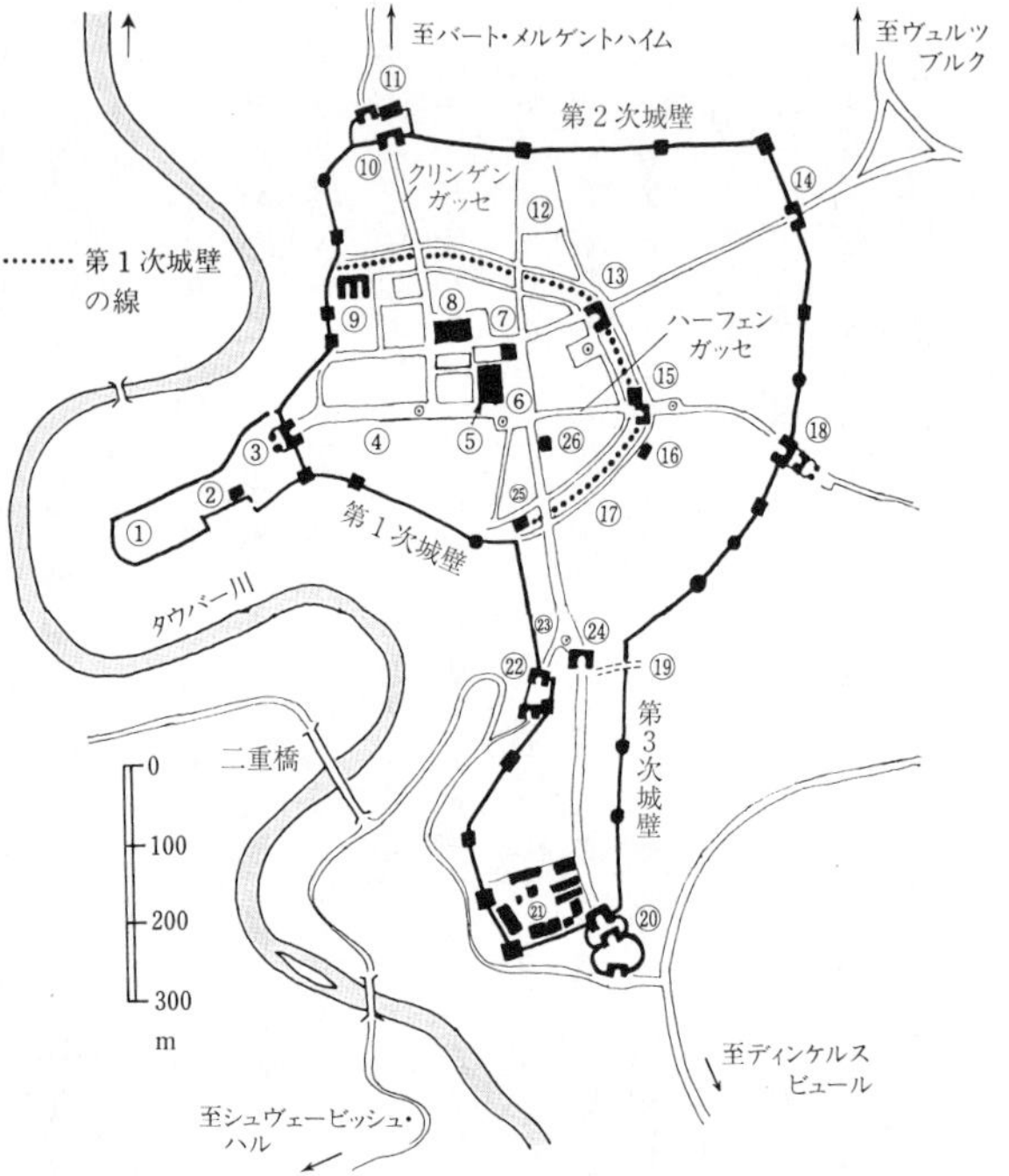

①ブルクガルテン
②ブラジウス・カペレ
③ブルク門
④ヘルンガッセ(旦那衆通り)
⑤ラートハウス
⑥マルクト広場
⑦市参事宴会場
⑧聖ヤコブ教会
⑨帝国自由都市博物館
⑩クリンゲン門
⑪聖ヴォルフガンク教会
⑫駐車場(シュランネン広場)
⑬ヴァイサー塔
⑭ヴュルツブルク門
⑮マルクス塔・レーダーアーチ
⑯ハントヴェルカーハウス(職人の家)
⑰アルター・シュタットグラーベン（古堀通り）
⑱レーダー門
⑲城壁外の駐車場
⑳シュピタール門
㉑シュピタール（病院）
㉒コーボルツェラー門
㉓プレーンライン
㉔ジーバー塔
㉕中世刑罰博物館
㉖バウマイスターハウス

高台の城跡ブルクガルテン

ホテルで旅装を解いたら、夕食前のひとときでもよいから散歩してみることをおすすめしたいのが①ブルクガルテンである。たいていのホテルから歩いて五分か一〇分だ。

四季折々に花壇や木々のたたずまいが美しく、青葉若葉にカスタニエン（マロニエ）の花が咲ききそう初夏の頃や、大樹の梢《こずえ》をかすめるように雲が去来する冬の景色は、ことに忘れられない。南側の胸壁から町の方を眺めると、たくさんの塔を備えた城壁や赤っぽい瓦《かわら》屋根の家並みが、パノラマのように視界いっぱいに広がる。夕日が差している時はそれがみなオレンジ色に燃え立つようで印象的だ。

ブルクガルテンは曲流するタウバー川の深い谷に三方を囲まれた高台で、城を築くにはもってこいの場所である。前記のように、一〇世紀ローテンブルク伯がここに城を構えたのが、町の起源であり町の名の由来でもある。一二世紀の初めに同家は断絶し、皇帝ハインリヒ五世はこの城をシュタウフェン家のコンラートに与えた。後にコンラートは皇帝に選出され、その跡を継いだのが甥《おい》のフリードリヒ一世、別名バルバロッサ（赤ひげ）である。その時彼はまだ八歳だったので、ローテンブルクの童子と呼ばれていた。

シュタウフェン家の皇帝たちは代々この城を増強し、皇帝の城と呼ばれるようになったけれども、同家もまた断絶した結果、人の住まぬ廃城になってしまう。そうして一三五六年に地震で壊れたあと、市民が石材を運び去ったため、地上の部分はほとんど姿を消してしまった。

ただ一つ現在まで残っているのは一一五〇年に造られた城の礼拝堂②ブラジウス・カペレで、内部には一四〇〇年頃に描かれた壁画もある。城を取り壊す際に礼拝堂だけはそのまま残しておいたという例はほかにも多い。

皇帝フリードリヒ・バルバロッサ

在位一一五二〜九〇年。日本では、後白河法皇が在位していた時期とほぼ一致する。正式にはフリードリヒ一世であるが、イタリアへ遠征した時に付けられたバルバロッサ Barba Rossa（赤ひげ）というアダ名が、ドイツ人の間でも愛用されるようになり、今日に及んでいる。見事に赤っぽいブロンドのひげをたくわえていたからだ。イタリア語でバルバは「ひげ」、ロッサは「赤い」という意味。

武将としても政治家としても非常にすぐれた能力を発揮し、ドイツでは大いに治績を挙げ、皇帝の権力を強化することにつとめた。しかし、それでも諸侯の力を抑えきるには至らなかった。またイタリアへは六回も遠征したけれども、皇帝に反対するローマ法王や北イタリアの都市同盟を屈服させるという所期の目的を完徹することは、ついにできなかった。

ミラノを攻囲したとき、敵方の女子供たちをたくさん縛り付けた攻城櫓《やぐら》を先頭に立てて城壁に迫ったという話は名高い。ミラノ勢は、攻城櫓に縛り付けられて泣き叫んでいる同胞に向かって矢を射かけたり、松明《たいまつ》を投げつけて攻城櫓を焼き払ったりする気にはなれず、涙をのんで開城した。そこまで無理を重ねたのに、最終結果はバルバロッサに非であった。

第三回十字軍を率いて聖地に向かう途中、小アジアの川で誤って溺死《できし》した。部下の将兵はバルバロッサの遺骸《いがい》を大釜《おおがま》でグツグツ煮て、肉や内臓をほぐし、骨だけ故国にもち帰った。

バルバロッサは、シュタウフェン朝のもとで花開いた一二世紀宮廷騎士文化のシンボルのような存在であった。また、貧乏そのほかのことで困っている者を助けてくださるありがたい御方として、死後は民間信仰では聖者に類するような扱いを受けた。そんなわけで、バルバロッサに関係があることは何でもよく記録に残され、語り継がれてきたので、今日の観光説明にもよくその名が出てくる。

城の大手門に続くヘルンガッセ

都市を囲んでいる城壁のことを市壁、その門を市門という。ブルクガルテンから市内へ入る所にある③ブルク門は、第一次城壁の時代からの生き残りであり、当市では最古の市門だ。一四世紀に一度改築され、高い塔が付け足されたが、それでも当市に現存している市門のなかでは最古という記録に変わりはない。ブルクガルテンの木の間から見上げると、まことに堂々たる趣がある。

昔はブルクガルテンとの間に堀があり、跳ね橋が設けられていた。

ブルク門と市の中心⑥マルクト広場を結んでいる広い通りが④ヘルンガッセHerrngasse（旦那衆通り《だんなしゅう》）だ。

一〇世紀にローテンブルク伯の城下に商人が集まり住み始めた頃、ここは野中の一本道で、両側に粗末な家が並んでいる程度であったろう。それでも、今では消滅してしまった城の大手門に通じていたこの一本道が中心になって、次第に人家が増えてゆき、やがては城壁をめぐらすほどの町に成長したわけである。

純然たる商人の町という観点からいえば、城ではなくて、実はこの一本道こそがローテンブルク発祥の地なのだ。当然、生え抜きの老舗《しにせ》はたいていこの通りに居を構えていた。あとから来て成功した者も、やはり何とかしてこの通りに家を買い求め、老舗の旦那衆の仲間入りをしたいと思ったに違いない。

中世都市を支配していたのは、最初は領主の役人であったが、都市が実力をつけてくるにつれて、有力な大商人のあいだから選ばれた市参事ラーツヘル Ratsherr がそれにとって代わった。現代のドイツ語では男であれば猫も杓子《しやくし》もヘルと呼ばれているけれども、昔はそうではなかった。領主の役人とか有力な大商人とか、そういうお偉方だけがヘルと呼ばれていた。

そこでヘルンガッセで旦那衆通りということになる。

この通りには日本人がよく泊まるホテル・アイゼンフートがある。アイゼンフートとは鉄の帽子、つまり冑《かぶと》のこと。古風にいえばホテル冑館だ。表にはちゃんと中世風の冑の看板が下がっている。この冑館の建物もかつては大商人の家だった。

冑館の近くにあるシュタウチャー・パトリツィアーホーフ Staudtscher Patrizierhof は、当市きっての名門シュタウト家の館《やかた》である。今なお同家の人たちが住んでいるが、中庭と館の一部が公開されている。表から見ただけでは分からないが、中へ入ると、木造の回廊をめぐらした美しい中庭があったり、一六世紀以来のご先祖様の肖像が並んでいる広間があったりして、非常に興味深い。

市参事

ひとつの独立国である自由都市の行財政や軍事などの一切を取り仕切っていたのは市参事会シュタットラートで、そのメンバーを市参事ラーツヘルという。

もともとラートとは助言とか相談という意味だ。都市を支配していたのは、最初は領主の役人であったが、そのうちに市民の間から代表が選ばれ、市政について相談を受けるようになる。これが市参事会の起源だ。そして都市が実力をたくわえるにつれて、領主の役人には市民の誰かが任命されるという習慣が生まれたり、都市が金を払って領主から権利を買い取ったりして、市参事会による都市の自治が確立したのである。

市参事の定員は都市によって違うが、一二人という例が多い。市参事の互選により、市長や建設役バウマイスターが選ばれた。当初、市参事はごく一部の有力な大商人の家系（都市貴族）によって独占されていた。後には小売商人や手工業の親方なども市政参加権を要求し、自分たちの組合の代表を市参事会に送りこむための闘争を起こした。

ラートハウス

市参事会の本拠がラートハウスであり、市役所とか市庁舎と訳されている。

日本では、市制は明治時代になって上からの政策でできたものであり、ドイツのように中世の昔に下からの盛り上がりによって生まれたものではない。日本では市役所というとまずゴミ集めを思い浮かべたり、証明書類を取りにだけ行く所と考えたりするのも、以上と無縁ではない。

　ドイツ人がラートハウスという言葉に対して抱いているイメージは、それとはだいぶ違うようだ。中世の昔、ラートハウスは都市の自由と独立のシンボルであった。中世都市の人口や経済力から推察して、破格とも思えるほど立派なラートハウスが多いのは、それが都市のシンボルだったからである。現在でもそういう受け取り方は基本的には変わっていない。

　日本の学者のなかには、ラートハウスを市役所や市庁舎と訳することを避け、市参事会堂という人もいる。

ラートハウスの塔上から

⑥マルクト広場の西側いっぱいを占めて⑤ラートハウスが建っている。市役所といってもよし、原義に忠実に市参事会堂といってもよい。新旧二つの部分から成り、後ろ側は一三世紀の建築でゴシック式、前側は一六世紀の建築でルネッサンス式だ。正面入口の上に正義の女神像があり、かつてはこのマルクト広場で定期的に開かれてい

ラートハウス。左に見えるのがヘルンガッセ

た商人たちの市《いち》を見下ろしていた。左手に持つ秤《はかり》で正邪を量り、右手に持つ剣で邪をこらしめるというわけ。ほかの都市でも、市が開かれていた広場には、たいていこういう正義の女神像がある。

女神像の下から入って行くと、カイザーザールと呼ばれるゴシック式の大広間などを見学したあと、急な階段を経て、塔の上まで登ることができる。生きている中世都市ローテンブルクの全景を、まるで立体模型でも見ているかのように眺め渡すことができ、写真にも絶好である。

歴史に興味を持っている向きは、いったん下に降りて新館と旧館の間に入り、ヒストーリエンゲヴェルベ Historiengewölbe を覗《のぞ》いてみるとよい。歴史的穴倉とでも訳すべきだろうか。実物大の人形で三十年戦争当時の兵士たちの生活を再現してあったり、ぞっとするような拷問《ごうもん》道具が並んでいる部屋や、真っ暗な地下牢《ろう》がある。自由都市では裁判や処刑も行ったので、ラートハウスの地下にこういう設備を持っていることも必要だったのだ。

マルクト広場の北側には⑦市参事宴会場ラーツヘル・トゥリンクシュトゥーベがある。都市によって名称や形態は違うけれども、この種の宴会場はラートハウスには付きものであった。

昔は市長も市参事もみな無給で、ただこういう所で飲食したり宴会や舞踏会を開くことだけが特権として認められていた。出席できるのは市参事になる資格のある有力市民とその家族に限られたから、彼らが盛装して誇らかに宴会場に繰り込んでゆくのを、一般市民は指をくわえて見ているほかなかった。今ではこの建物は市の観光案内所になっており、誰でも気楽に出入りして、地図やパンフレットをもらったり、ホテルや民宿を紹介してもらったりすることができる。

市参事宴会場の大きな三角形の破風《はふ》には、上から順に日時計、帝国自由都市であることを象徴する双頭の鷲《わし》、日付を示す時計、時刻を示す時計が付いている。時計の両側に窓があり、日に数回、一定の時刻に左の窓にはティリー将軍、右の窓には元市長ヌッシュの人形が現れ、「三十年戦争」の時の逸話〝マイスタートゥルンク〟の情景を再現する。

昼間にこれを見るチャンスを逸しても、夏には夜の九時と一〇時にもやるので、ぜひお見逃しなきよう。

マルクト広場

中世都市の中心には必ずといってよいほどマルクトという名の広場がある。Markt は英語の market と同じで、市場という意味だ。

今こういう広場ではよく露天市が開かれ、野菜、果物、チーズ、生花などを売っていて、興味をそそられる。しかし、マルクトの名はこういう消費者相手の小売市に由来するのではない。中世の昔は、遠近からやってきた商人や手工業の親方など、プロ同士が取引する市《いち》が、こういう広場で定期的に開かれたからだ。

商品によっては、取引はすべてこのような公開の市場で行うべきものと決められていた。安売り競争による値崩れを防ぎ、組合が定めた基準を満たしていない商品が秘《ひそ》かに売られることがないようにして、信用を保つためであった。

マルクト広場だけでは狭過ぎるようになると、ノイマルクト（新市場）という名の広場が新たに造られたり、特定の商品だけは別の小広場や道路上で取引するように定められることもあった。ワインマルクト、コルンマルクト（穀物市場）、ホイマルクト（干草市場）など、小広場や道路の名になって今日まで伝えられている例は多い。

ローテンブルクでは馬、牛、ロバの取引はヘルンガッセで行われる定めであった。

天下無双の一気飲み

マイスタートゥルンクとは「名人芸の飲みっぷり」「天下無双の一気飲み」といったような意味だ。

全ドイツを戦禍のどん底に落とし込んだ三十年戦争の時、新教側についていた当市はティリー将軍の率いる旧教連盟軍に攻められ、必死の防戦も空《むな》しく、ついに刀折れ矢尽きて開城した。市民軍が頑強に抵抗し、味方の損害も大きかったことに腹を立てていた将軍は、「市参事はすべて斬首《ざんしゅ》し、全市は兵士たちの略奪にまかせたあと焼き払う」という厳しい決定を申し渡した。

町中の女子供がマルクト広場に集まり、ティリー将軍の前にひざまずいて、涙なが

市参事宴会場。窓が開き、仕掛人形のヌッシュがマイスタートゥルンクを始めたところ

らに嘆願したけれども、将軍は頑として聞き入れない。そこで市参事たちは少しでも将軍の気持ちを和らげようと、市の宝物である「選帝侯の大ジョッキ」に当地名産の白ワインを入れ、グラスに注いで将軍にすすめた。

　たて続けに二杯、三杯と飲んで将軍がだいぶご機嫌になったのを見て、元市長ヌッシュの召使の若い娘が一計を案じ、「旦那様あれをやってご覧なさいませ」と、ヌッシュの耳もとでささやく。——どうして私がこんな見てきたようなことを書けるかというと、市民は今でもこの大事件を記念して、当時の模様を再現する劇を市民総出で毎年行っているからだ。

　ヌッシュは一気飲みの達人だった。三・二五リットルも入るくだんの「選帝侯の大ジョッキ」にワインをなみなみと注ぎ足し、将軍に申し出る。「もし私めが、みんごとこの大ジョッキのワインを一気に飲み干しましたならば、町を焼かずにお助けくださいますでしょうか」

どうせそんなことはできっこないと思ったのか、将軍は「よかろう」と鷹揚《おうよう》にうなずく。ときにヌッシュは四三歳の男盛り。大ジョッキをかかげてグビリグビリと飲み始める。固唾《かたず》をのんで見守る市民たち。首をさすりながら一心に神に祈るばかりの市参事たち。ヌッシュは苦悶《くもん》の形相もの凄《すご》く、鼻で激しい息をし、身をキリキリとよじらせながらも、なおグビリグビリと飲んでゆく。そして一〇分。ついに大ジョッキを空にし、力尽きてばったりと倒れた。

こうして全市は救われ、市参事たちも命が助かったと伝えられている。ヌッシュはそれから三日間死んだように酔い潰《つぶ》れて眠り続けたが、幸いに命に別状はなく、一七世紀としては世に稀《まれ》な八〇歳の天寿を全うした。

「天下無双の一気飲み」が行われたのは一六三一年一〇月三〇日のこと。今でも年に数回、多数の老若男女の市民が三十年戦争当時のいでたちでこの大事件の模様を再現する記念劇を行い、街頭にも繰り出してくる。

日本ではあまり知られていないが、このあたりはフランケン・ワインの名産地だ。すべて白ワインであり、ボックスボイテル（山羊《やぎ》のキンタマ）と呼ばれる独特の水筒形の瓶に入っている。

リーメンシュナイダー作の「聖血の祭壇」

ゴシック最高の彫刻家リーメンシュナイダー

マルクト広場からちょっと西北方へ入ると⑧ザンクト・ヤーコプ（聖ヤコブ）教会がある。後期ゴシック式のハレンキルヘで、一四四八年にできた。ドイツ・ゴシック最高の彫刻家リーメンシュナイダーの「聖血の祭壇」があり、ローテンブルクでは必見の場所だ。

「聖血の祭壇」は教会へ入って右手奥に見えている主祭壇ではなく、左手の階段を上った所にあり、会衆席からは見えない。

この教会を訪れる日本人の多くがそれに気付かないで、リーメンシュナイダーの傑作を見ないで帰ってしまうのは惜しいことだ。

祭壇の上方、金色の十字架の中心に水晶の容器があり、イエスが十字架につけられたときに流れ出た血のうちの三滴が、この中に納められていると信じられている。

祭壇の左扉は「イエスのエルサレム入城」の浮彫だ。殺されるのを覚悟の上で、ロバに乗ってエルサレムの城門へ向かうイエス。あとに続く弟子たち。民衆はイエスに望みをかけ、上衣《うわぎ》を脱いで路上に敷き詰め、歓呼して迎えている。

中央は「最後の晩餐《ばんさん》」で、ほとんど丸彫に近い高浮彫だ。「あなたたちの一人がわたしを売るであろう」という師の言葉に、驚いてざわめく弟子たち。イエスを裏切るという約束で得た銀貨三〇枚が入っている袋を手に、思わず立ち上がるユダ。それでも慈愛に満ちた眼差《まなざ》しでユダを眺め、「私の身体《からだ》だと思いなさい」といって、ひとかれのパンを与えるイエス。その膝《ひざ》の上に突っ伏しているイエスの愛弟子《まなでし》ヨハネ。

「聖血の祭壇」。右がユダ、続いてイエスの膝に突っ伏すヨハネ、手前が小ヤコブ、左がペトロ

弟子のリーダー格のペトロは胸を抱きしめ、心配そうに師の横顔を見詰めている。その左には大きな頭巾《ずきん》をかぶった大ヤコブがいて、既に自らの殉教とあまたの巡礼の守護聖人になる運命を予見しているかのように、遠いかなたに目をやっている。イエスの前には小ヤコブがいて、静かな決意を秘めた

面持ちで、片やイエスを象徴する卓上の小羊を、片やこの教会の床を指し示している。

祭壇の右扉は「ゲツセマネの園」の浮彫だ。最期《さいご》の時が近付いたことを知り、苦しみにもだえながら神に祈るイエス。「目をさましていてくれ」とイエスから言われたのに、またしても眠りこんでしまった弟子たち。向こうからはユダに先導されて大祭司の手下たちがイエスを捕えにやってくる。

下段が十字架の死で、天使たちが殉教の道具を捧《ささ》げ持っている。最上段が復活したイエス。その下には聖母マリアと大天使ミカエルが控えている。

全体の制作は一四九九年から一五〇五年にかけて行われた。見ものはやはり「最後の晩餐」の群像だ。宗教的な象徴を秘めながらも、一切の虚飾を排し、すべての人物を生けるが如《ごと》き躍動感をもって刻み出している。人間の悩み、苦しみ、悲しみと喜び

ハレンキルへ　Hallenkirche

普通の教会建築では、図Aのように身廊と側廊がはっきり分かれており、光は小さな高窓と側壁にある低い窓から入ってくるだけで、堂内はほの暗い。それを図Bのように側廊も身廊とほとんど同じぐらいの高さにし、側壁に高く大きな窓を設けて、光が堂内

いっぱいに明るく差しこむようにしたのがハレンキルへである。英語ではホール・チャーチ hall church という。

身廊と側廊に分かれているという感じが薄くなり、堂内が一つのまとまった建築空間になるところから、ハレ（ホール）の名が生まれた。既にロマネスクの時代に萌芽《ほうが》が見られるが、後期ゴシックの時代に入ってドイツで発達した。

神秘的で荘重な感じを出すためには普通の様式の方がすぐれているのに対し、ハレンキルへでは司式し説教をする聖職者の顔が会衆席のどこからでもよく

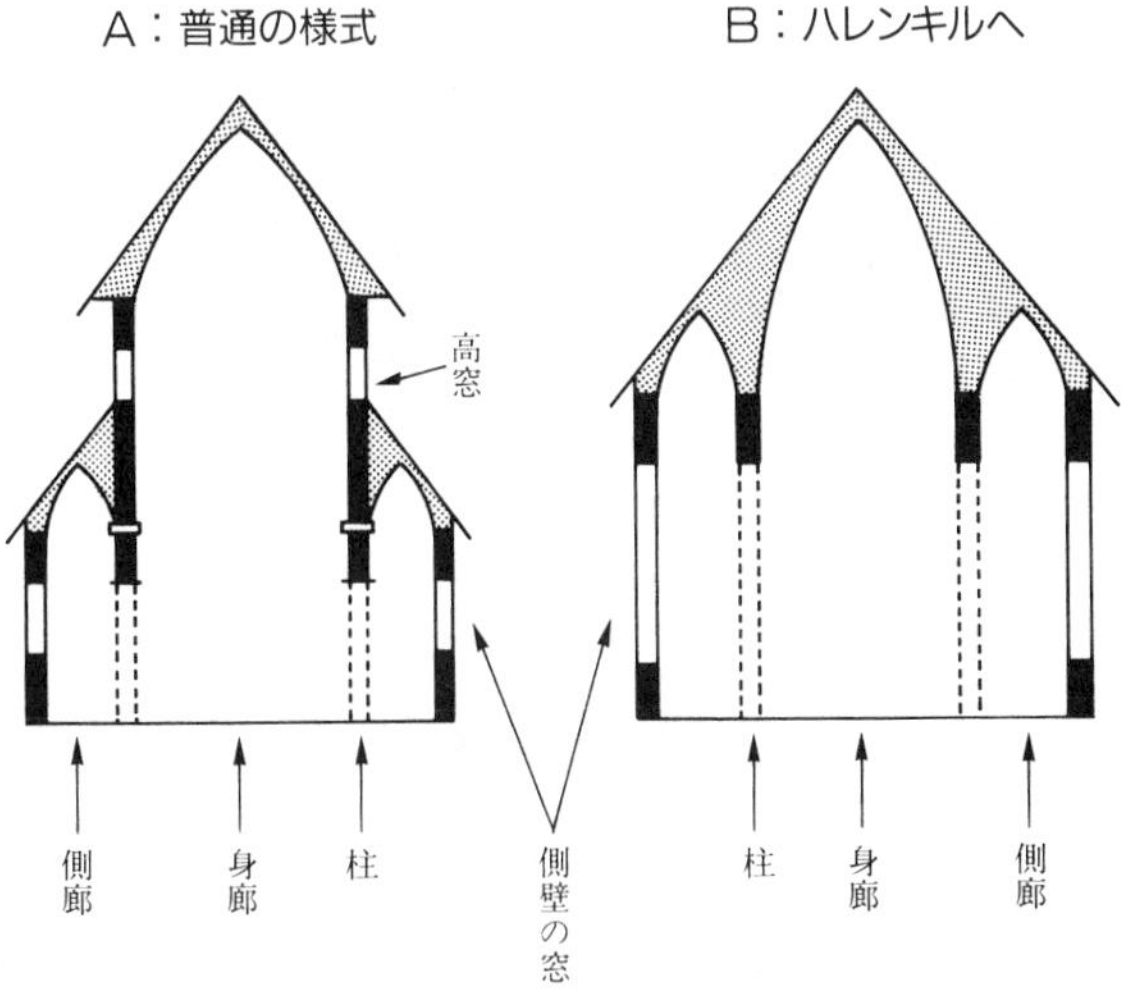

見え、声もまたよく通るのが大きな特長だ。説教を重視するドイツでこの様式が発達したゆえんである。

聖血の伝説

十字架刑は、ローマ時代に反逆者や主殺しの奴隷《どれい》に科せられた残酷な処刑法であった。大きな鉄の釘《くぎ》で手の平と足の甲を打ち付けられ、烈日にさらされたのであるが、丈夫な者は四日も五日も死ぬことができず、激痛と飢えと渇きにさいなまれ、「早く殺してくれ」と哀願したという。

イエスも、「ローマ皇帝に反逆しユダヤ人の王になろうとした」という罪名で十字架につけられた。処刑に立ち会ったローマの兵士は、それが無実であることを知っていたので、槍《やり》でイエスの右わきを突き、出血多量で早く死ねるようにしてやった。また、イエスに心を寄せるものがその血を壺《つぼ》に受けるのを黙認した。

これが聖血で、ドイツ語ではハイリゲス・ブルートという。聖血は後にビザンチン皇帝の所有に帰し、西欧各地へもほんの二、三滴ずつお裾分《すそわ》けが行われたと信じられている。さすがは「神の子」の血で、凝固もせず腐敗もしなかったらしい。

を赤裸々に表現しようとしたリーメンシュナイダーの気迫が、見る者の目に痛いほど迫ってくる。

彩色木彫や華麗な絵のある祭壇

再び下の階へ降りて、左の側壁にあるリーメンシュナイダー作のもう一つの祭壇を見よう。元はヘルンガッセのフランチェスコ会修道院の聖堂にあったもの。聖フランチェスコの手の平、足の甲、右わきに、十字架のイエスと同じ傷が現れたという奇跡を表現している。「聖血の祭壇」より一〇年ほど前の作と推定され、当時の世間一般の習慣に従って木彫に彩色してある。やがてリーメンシュナイダーは彩色することをやめ、「聖血の祭壇」で見られるように、木地をそのまま生かした力強い彫りで勝負するようになる。

内陣にある主祭壇は、リーメンシュナイダーの時代より半世紀ほど前の一四六六年にできた。彫刻家の名は伝わっていないが、画家はヘルリーンである。正面に並ぶ六体の彫刻のうち、左端が聖母マリア、その次がこの教会の守護聖人である大ヤコブで、巡礼杖《づえ》と頭巾によりそれと分かる。下段はイエスと十二使徒たち。

扉にはマリアの生涯が描かれており、例えば左上は「受胎告知」だ。祭壇の後ろへまわって扉の外側を見てみよう。大ヤコブの生涯が描かれている。「宣教と捕縛」「殉教」に続き「遺骸《いがい》送り」の場面がある。興味深いのは背景に当市のマルクト広場が描かれていることだ。市参事宴会場や、一五〇一年の火災で前半分が焼失する前のラートハウスなどが見える。そのあとは、大ヤコブの遺骸が葬《ほうむ》られているとされるスペインのサンチャゴ・デ・コンポステラへ行く巡礼者たちの物語だ。

この主祭壇は、金色燦然《さんぜん》たる華麗さが好まれた後期ゴシックの一つの典型を示している。

帝国自由都市博物館とクリンゲン門

聖ヤコブ教会の西北方に⑨帝国自由都市博物館 Reichsstadtmuseum がある。元はドミニコ会の女子修道院で、一二五八年に創立された。一五四四年に宗教改革の結果として修道院は廃止されたけれども、建物は元のままでさまざまの目的に使われ、一九三六年に博物館になった。

一三〇〇年頃にできたドイツでも最古の部類に入る台所をはじめ、食堂《じきどう》、尼僧房《にそうぼう》、集会室、作業室などが残っており、中世の女子修道院のありさまがよく分かって興味深い。修道院時代からの絵画や彫刻、生活用具、ローテンブルクの歴史を物語る武具、工芸品、職人の道具などが展示されており、かの「天下無双の一気飲み」に使われた豪華な「選帝侯の大ジョッキ」もここにある。一六一六年の作という。

博物館からクリンゲンガッセという通りに出ると、突き当たりに高い塔を持つ⑩クリンゲン門が見える。このあたりは観光客があまり来ない所で、両側に並ぶ家々も昔のままという感じであり、写真に良い。

クリンゲン門は、城壁の外にもう一つ外郭を備えている堅固な城門だ。外郭の一部を構成しているのは⑪聖ヴォルフガンク教会で、内側から見ると端正なゴシック式の教会だが、外側は城壁と同じ造りになっている。このように教会に城壁の一翼を担《にな》わせるというやり方は、中世都市でちょいちょい見られる。城壁の築造には莫大《ばくだい》な費用がかかるので、このようにして少しでも費用の節約をはかったのである。

クリンゲン門から城壁の上に登り、時計回りの方向に歩いて行くと、⑭ヴュルツブルク門がある。ヴュルツブルクに向かう古来の街道がこの門を通っているので、こう名付けられた。

別名はガルゲン（絞首台《こうしゅ》）門という。中世都市では一罰百戒の意味もあって、人通りがいちばん多い城門の街道わきに刑場を設け、罪人を縛り首にしたあと、しばらくは絞首台からぶら下げたままにしておいた。ローテンブルクではこの門外に刑場があったので、ガルゲン（絞首台）門という別名が生まれたのである。

レーダー門から城壁の上へ

時間がないときは以上の博物館、クリンゲン門、ヴュルツブルク門は割愛して、これから説明するコースだけを歩いてみることをおすすめしたい。最初に述べたブルクガルテンは午後から夕方にかけてがベストなのに対し、このコースは朝がベストだ。団体旅行で九時出発というような場合でも、その気になれば朝一番に朝食をすませて、出発するまでに充分このコースを歩くことができる。

まずマルクト広場の東南隅からハーフェンガッセという通りを東へ行く。すぐに⑮マルクス塔・レーダーアーチがあるが、前記のようにこれは一二世紀に造られた第一次城壁の生き残りだ。時計塔は一六世紀に付け加えられた。アーチを通り過ぎて泉のあたりから塔とアーチを振り返ったところは、当市でも最も美しい眺めの一つ。古さびた瓦《かわら》屋根の塔と木骨組の家々、そして泉の織りなす景観が何ともいえずすばらしい。特に朝は写真に絶好だ。夏には家々の窓辺にも泉のまわりにも色美しい花が並ぶ。

もし時間があれば、アーチのわきから南へ⑰アルター・シュタットグラーベン（古堀通り）に入り、すぐ左側にある⑯ハントヴェルカーハウス Handwerkerhaus（職人の家）を訪ねてみよう。一三世紀末に建てられ、七〇〇年以上もの長い間さまざまの職人が住みつき、仕事場にしてきた家で、奇跡ともいえるほどよく原形をとどめている。各部屋とも昔の家具、生活用具、仕事の道具などを置いてあり、台所もあって、家自体の造りとともに非常に興味深い。

　ふつうは職人の家には寄らないで、まっすぐ⑱レーダー門に向かう。高い塔を備え、二重の外郭を擁している堅固な市門だ。この塔は上まで登ることができ、市街と城壁のありさまをまるで箱庭を見ているかのように眺め渡すことができて面白い。城壁の堀は、ほかでは埋もれて緑地になってしまっているが、この市門の所だけは堀のままで残っている。

　レーダー門の全景をカメラにおさめるには、外郭を出て道路の向こう側からが良い。

　次にレーダー門のわきから城壁の上の「武者走り」に登り、南へ向かって歩くことにしよう。「武者走り」に設

マルクス塔（中央）とレーダーアーチ。右手前に泉が見える

けられている矢狭間《やざま》、鉄砲狭間《ざま》から外を覗《のぞ》いてみるのは楽しいものだ。城壁の内側には家々の瓦屋根が大波小波のように続き、その向こうにラートハウスと聖ヤコブ教会の塔がそびえている。

このあたりの城壁は爆撃で破壊されたため、市では内外から寄付を集めて修復し、「この一メートルの区間は誰それの寄付による」といったような銘板を取り付けて記念にしている。城壁全般の補修には今後とも費用がかかるので、市では今でも寄付を受け付けており、近年は銘板に日本人の名がかなり見られるようになった。

城壁の上をずっと歩いて行くと⑳シュピタール門に達するが、時間があまりないときは途中で降りてもよい。

大砲の発達につれて強化されたシュピタール門

シュピタール門は当市に六つある市門のなかでは最も壮大堅固で、ひとつの独立した城塞《じょうさい》のような威容を呈している。門の内側にある一群の大きな建物は、一三世紀から一七世紀にかけて市が造った㉑シュピタール（病院）であり、門の名もそこから来ている。これらの中世風の建築群を背景に入れて、朝の光線に照らし出されたシュピタール門の威容をカメラにおさめるのは、心躍るひとときだ。光線のぐあいは朝がべ

シュピタール門の堡塁。後ろに14世紀の塔門が頭をのぞかせている

ストである。

シュピタール門は七重になっている。いちばん内側の高い塔のある門は一四世紀に、それに続く8の字形の堡塁《ほうるい》は一六世紀にできた。昔は堡塁の外に広い堀があり、跳ね橋がかかっていた。そうしてたとえ敵が跳ね橋を突破して堡塁の中庭に乱入してきても、堡塁の前後に備えられている鉄の落とし格子《ごうし》で出入口をふさぎ、敵を袋のネズミにしておいて、まわりから攻撃を加えられるようにできていた。

一六世紀は大砲の性能が向上し、破壊力がとみに大きくなった時代である。城壁を守る側では、敵の大砲の破壊力にいかに対応するかに苦心した。対応策の一つは、それまでの中世風の城壁よりは格段に重厚な堡塁を城門の両側に張り出すことであった。城門を破壊されると一挙に敵軍の突入を許すことになるので、やはり城門が守りのポイントであった。シュピタール門は重厚な堡塁をあとから付け足した好例であるが、円形の堡塁が二つ連なって8の字形になっているところがユニークだ。階段を登って堡塁の内部に入ると、砲架がずらりと並んでいて、守る側でも大砲で反撃する備えを固めていたことが分かる。

その後の歴史の流れとしては、大砲の性能向上と城壁の強化というイタチごっこは大砲の勝利に終わる。そして中世風の城壁は軍事的な意義を失い、単なる飾りもののようになってしまうのであるが、それでも長い伝統を誇る自由都市のシンボルとして生き続けた。

一方では大砲の破壊力に耐えられるように工夫された近世城塞が登場するのであるが、それについては後ほどフランクフルトのところで説明することにしよう。

中世以来の福祉施設シュピタール建築群

中世都市はたいていみなシュピタールを持っていた。それは市民のための病院であり、仮宿泊所であり、老人ホームであり、行き倒れた旅人のための救護所でもあった。

シュピタールは城壁の外に設けられるのが通例であった。既存の城壁の中は人家が密集していて、シュピタールのように広い敷地を要するものを新設するゆとりがなく、また中世にたびたび大流行したペストなどの伝染病を防ぐためにも、病院や救護所は城壁の外にあるほうが良いと思われていたからだ。

ローテンブルクのシュピタールも、一二八〇年頃に新設された当時は城壁の外に位置していた。それが一四世紀の城壁拡張によって市内に取り込まれたのである。一二八〇年といえば、日本では鎌倉時代の中頃にあたる。そういう時代に既に、市民が自分たちのための病院を造っていたというのは、驚嘆すべきことだ。

シュピタールが仮宿泊所の役もつとめていたのは、中世都市の市門は日没とともに閉じられ、日の出とともに開かれる規則になっていたからだ。ガス燈《とう》や電燈が普及する前は、都市といえども夜は街路が真っ暗になるのが常だったから、用心のため早々と市門を閉じ、日の出までは誰が何といっても開けてはならない定めになっていた。閉門に遅れると、たとえ自分の家の屋根が城壁越しに見えていても、城壁の外にあるシュピタールで泊めてもらうしかなかったのである。

特に臨戦態勢にある中世都市では、日没が近付くと市の役人が鐘を鳴らしながら市内をまわり、外来者をすべて門外に退去させてから市門を閉め、市民兵が交代で警備についた。そういう時も外来者はシュピタールに泊めてもらった。

城壁拡張によってシュピタールが市内に取り込まれてしまうと、以上のようなことが不可能になる。が、そこはよくしたもので新しい城壁の外に早速と旅籠《はたご》ができて、もっぱら閉門に間に合わなかった市民や追い出されたヨソ者を相手に商売を始めるようになる。

なお、貧しくて身寄りもいない老市民はシュピタールに収容されたから、シュピタールは老人ホームの役割も兼ねていたわけである。

ローテンブルクのシュピタールは非常に規模が大きく、しかも建物の配置や外観が昔のままに保存されているので、たいへん興味深い。広い敷地の中に一一棟の建物があり、一三世紀末にできたゴシック式の聖霊教会、ペストなどの伝染病患者を収容した避病棟、一六世紀にできた調理場などは、特によく昔の姿をとどめている。現在では主な建物は市営老人ホームに、一部はユースホステルに、そしていちばん奥にある大きな建物（一六九九年）はライヒスシュタッツハレ Reichsstadtshalle（帝国都市ホール）という名の公会堂になっている。

コーボルツェラー門の界隈《かいわい》

ローテンブルクには、観光客にあまり知られていなくてしかもすばらしい散歩場所がいくつもあるが、シュピタールの奥から城壁に登り、㉒コーボルツェラー門まで城壁の上を歩くのもその一つ。途中タウバー川の緑の谷を前景に城壁が連なり、塔が建ち並んでいるありさまをカメラにおさめることができる。

コーボルツェラー門も高い塔と外郭を備えた堅固な市門である。いったん外郭の外に出て坂道を少し降りてから写真を撮ると非常に良い。外郭の門上に、帝国を象徴する「双頭の鷲《わし》」とローテンブルク市の紋章が付いている。

また門内に入って坂道を登ってきた所は㉓プレーンライン（小広場）と呼ばれ、当市の名所の一つ。左にジーバー塔、右にコーボルツェラー門、その間に古さびた木骨組の家や泉があり、空間的な構成が面白いので、よくここで絵を描いている人がいる。

この通りには中世風の鍛鉄製の看板が多い。屋号が金鹿館（ゴルデナー・ヒルシュ）なら金色の鹿《しか》、商売がパン屋ならプレツェルという8の字形のパンといったように、それぞれ屋号や商売を形で表現しているところが面白い。看板にブドウがからまっていたりワイングラスが付いていたりするのは旅籠屋である。昔は旅籠屋が居酒屋をも兼ねていた。

少しマルクト広場の方に戻ると、左側の教会の裏手に㉕中世刑罰博物館 Kriminalmuseum がある。大きな鉄のカゴは、量目をごまかしたパン屋をその中に入れ、水中にドボンとつけたりまた引き上げたり、息も絶え絶えにして懲《こ》らしめた刑具。上に穴が開いている鉄の樽《たる》は、酔っ払いをその中に入れ、穴から頭が出るようにして、酔いがさめるまで放置した刑具。いちめんに鉄のトゲトゲが突き出ている恐ろしい椅子《いす》は、魔女の疑いをかけられた女性を裸にして座らせたもの。

さまざまの奇怪な仮面は、割に軽い（？）罪を犯した者にかぶらせ、手かせ足かせをはめて広場でさらしものにするのに使った。好奇心が強くておしゃべりが過ぎた女性にかぶらせた鉄製の仮面には、大きな耳と舌が付いている。服装についての良俗を破った女性のクビに取り付けたバカでかい木製のカラー。教会で居眠りした者のクビにかけさせた凄《すご》く重い鉄製のロザリオ。女性の貞操帯。そのほかいろいろと奇妙な、あるいは残酷な道具が展示されていて、中世人の感覚は我々とまったく違っていたことが分かる。

博物館を出て元の通りに戻ると、教会の筋向かいにローター・ハーン（赤いおんどり）というホテル・レストランがある。「天下無双の一気飲み」で市を救ったヌッシュはこの家の主だった。壁にその旨《むね》を記した銘板がある。

マルクト広場で昔の市民生活を実感

マルクト広場に出る手前の右側に㉖バウマイスターハウス Baumeisterhaus がある（広場の角から二軒目）。今ではカフェ・レストランで、日本人もよく利用する所だが、元は市のバウマイスターすなわち建設役の家であった。

　当市に限らず中世都市ではどこでもそうだったが、建設役は市長に次ぐ要職で、市の公共建造物すべてについて責任を持つとともに、市の財政を管理する収入役の務めも果たしていた。中世都市の財政で最も金がかかったのは公共建造物、ことに城壁の増改築や維持管理であり、建設役がもっぱらその衝に当たったのである。

　さて、現在のバウマイスターハウスは一五九六年に再建されたもので、ローテンブルクの中心部にある家としては新しい方だ。ルネッサンス式で、二階と三階の窓のところに七つの美徳と七つの悪徳を象徴する像が付いている。美徳と悪徳は互い違いになっており、

ゲオルクの泉。手で動かせる樋が見える

ぜんぶで一四の像がある。

これで振り出しのマルクト広場に戻り、もう一つだけ見ておくことにしよう。それは広場の西南隅にあるゲオルクの泉だ。まんなかの柱の上に悪竜を退治する聖ゲオルク（英語でいえばセイント・ジョージ）の像があるのでこう呼ばれている。

この泉が造られたのは一四四六年で、市民に上水を供給するためであった。最初はもっと素朴な造りだったのだが、一六〇八年に改築されて現在のような優美な姿になった。一九世紀の中頃に水道が普及するまで、家に井戸のない市民はみなこういう公共の泉へ上水を汲《く》みにきていたのである。泉は広場の装飾であると同時に、市民生活のためにも、また外来者のためにも、なくてはならない施設であった。

ローテンブルクには、このように街の装飾と実用を兼ねた泉が五カ所にある。その水源は遠く市外にあり、水は地下に埋設された秘密の導水路によって泉に供給されていた。そして、敵軍に包囲されて籠城戦《ろうじょうせん》を行うときに水源に毒を入れられたり、導水路を壊されたりすることがないように、その位置は極秘にされ、市長、建設役そのほかごく一部の者にしか知らされていなかった。

ゲオルクの泉には、手で動かして位置をずらすことのできる樋《とい》が付いている。この樋を操作することにより、泉の中央の台からほとばしり出ている水を手もとに導いて、桶《おけ》などに注ぎ込むことができる。泉だけなら各地の中世都市に残っているけれども、このように可動樋まで残っている例は極めてめずらしい。昔は、たいていの泉にこのような可動樋が付いていたのだ。ゲオルクの泉の樋を動かして水を手もとにジャーッと出してみると、これが市民にも旅人にも便利重宝な施設だったという実感が湧《わ》いてくる。

郊外の散策

以上で市内の主な見どころは終わった。鄙《ひな》びた美しさに溢《あふ》れる郊外にまで足をのばしたい人には、次のようなコースをおすすめしたい。

その一は、㉒コーボルツェラー門からシュヴェービッシュ・ハルに向かう旧街道を歩くコース。右手にタウバー川にかかっている二重橋がある。一三三〇年にできた石橋で、上下二層のアーチの列が見事だ。途中、好きな所から引き返せばよい。

その二は、⑩クリンゲン門からバート・メルゲントハイムに向かう旧街道を歩くコース。沿道には絵になりそうな場所がいくつもある。歩くこと三〇分ほどで、デートヴァング Detwang という小さな村に着く。この村の内外は写真に絶好だ。村の教会は九六八年にできて、フランケン地方に現存している教会としては最古のもの。ゴシックの巨匠リーメンシュナイダーが一五一〇年頃に制作した木彫の祭壇があり、人物の彫刻はいずれも、見る者の胸にぐいと訴えてくるような迫力に満ちている。往《ゆ》きにだけタクシーを使い、帰りは歩くという手もある。

フォイヒトヴァンゲン

「涙にぬれた頬っぺた」という名の町

ロマンチック街道と呼ばれる旧街道は、もとは途中の町や村をひとつひとつ貫いていたのであるが、今では多くの箇所でバイパス道路ができて、町や村の中心を通らなくなってしまった。名称とは裏腹に、現在この街道を車で走っていてもそれほどロマンチックだとは思われないのは、気が付かないうちに昔からある町や村をバイパスしてしまっているからだ。それで時には幅の広い新道からそれて、ほんとうの旧街道とおぼしき狭い道を通り、町や村の中心まで乗り入れてみると、思わずもロマンチックな景観に出くわすことがある。

ローテンブルクの南三二キロにあるフォイヒトヴァンゲン Feuchtwangen という小さな町がその好例だ。町の名は「涙にぬれた頬っぺた」という意味。それだけでも旅情をそそられる。町の中心はマルクト広場。かつてはフランケンス・フェストザール（フランケン地方の祝祭広間）という異名を取るほどの壮麗さを誇っていたが、今で

ロマネスク式の修道院回廊を取り込んでいるカフェ・レストラン回廊亭

は古風な家々に囲まれて静まりかえっている。

広場の一角にあるカフェ・レストラン・アム・クロイツガンク（回廊亭）は、当市発祥の元になったベネディクト会修道院の回廊を取り込んで造られている。この修道院は八一七年に設立され、その門前に商人や職人たちが集まり住むようになったのが市の起源である。そして一四世紀の初めにいったんは帝国自由都市の地位を得たのであるが、一三七六年からはまた領主アンスバッハ辺境伯に服属させられてしまったという歴史を持っている。

回廊は一三世紀にできた後期ロマネスク式で、重厚な趣をたたえている。

右記のカフェ・レストランに入らないときは、教会の横から回り込むと回廊の一辺を見学できて、写真を撮ることもできる。宗教改革の際に修道院は解散させられ、この回廊と修道院付属の聖堂だった教会だけが今日まで残ったのである。この教会では、ニュールンベルクの名匠ヴォルゲムートが一四八四年に制作した祭壇が名高い。ヴォルゲムートは、ドイツ・ルネッサンス最高の画家として知られるデューラーの師匠であった。

フォイヒトヴァンゲンでのもう一つの見どころは、一七世紀にできた大きな農家を転用した郷土博物館 Heimatmuseum だ。フランケン地方のひなびた家具調度、生活用具、農具、衣装などがたくさん展示されている。

ディンケルスビュール

街道の交点に生まれた市場町

ロマンチック街道には、中世の城壁がほぼ完全な姿で残っている町が三つある。北から順にローテンブルク、ディンケルスビュール Dinkelsbühl、ネルドリンゲン Nördlingen である。そのうちローテンブルクは最も大きく、華やかな感じで、訪れる人も多い。ディンケルスビュールは小柄で、それだけにまとまりがよく、観光客もあまり多くはないため、中世都市らしい風情《ふぜい》がいちばんよく感じられる。ネルドリンゲンは地味な存在であるが、城壁や街区のありさまが最もよく中世の状況を伝えているため、歴史学者に重視されている。

さて、フォイヒトヴァンゲンから緑豊かな野中の街道を一三キロ行くと、ディンケルスビュールである。ここも新道を通るだけなら城壁がちらっと見える程度に過ぎない。ぜひとも足をとめて、この愛らしい町を訪ねることにしよう。鉄道の駅からでも、城壁の外にあるバス駐車場からでも、まず目指すべきは①ヴェルニッツ門 Wörnitz

ディンケルスビュール

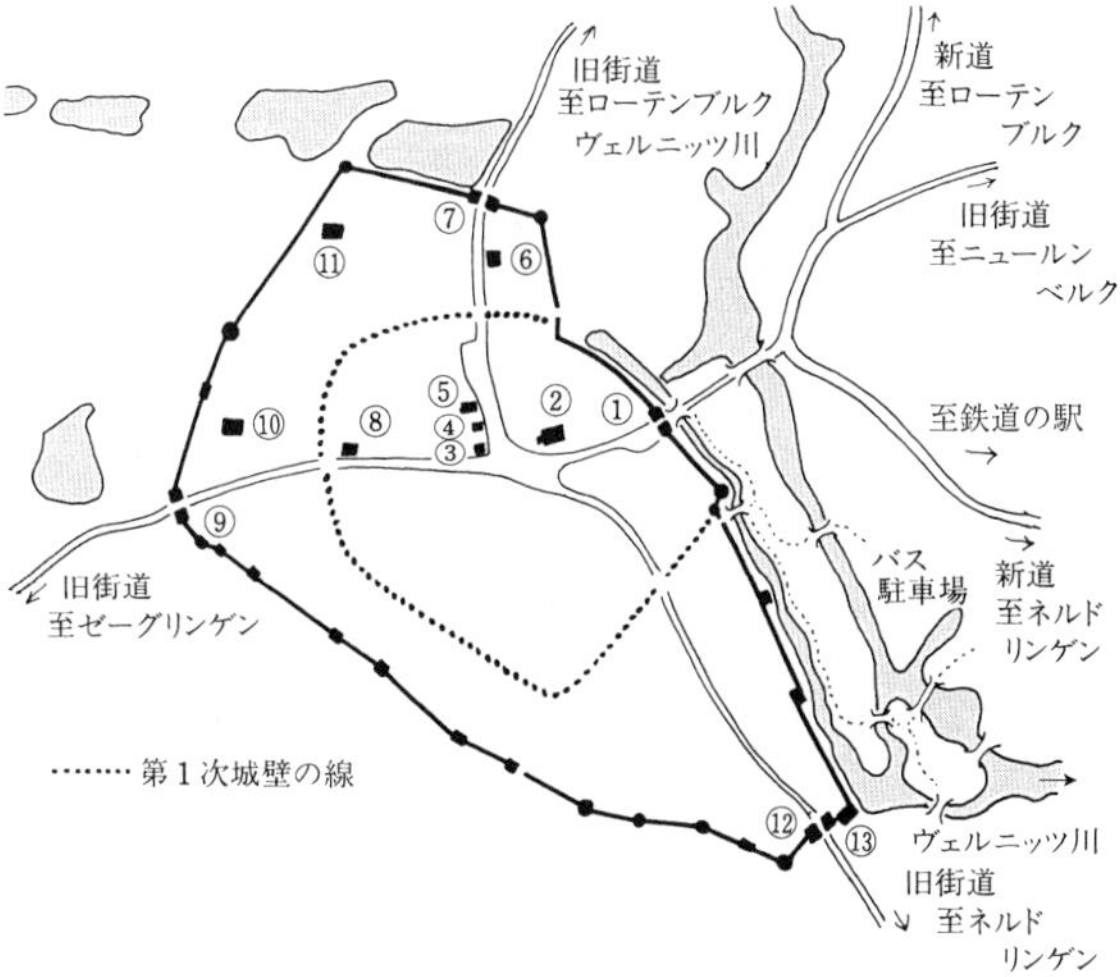

①ヴェルニッツ門
②聖ゲオルク教会
③市参事宴会場（現観光案内所）
④ドイッチェス・ハウス
⑤穀物倉（現祝祭ホール）
⑥聖霊シュピタール（現歴史博物館）
⑦ローテンブルク門
⑧ラートハウス
⑨ゼーグリンゲン門
⑩穀物倉（現ユースホステル）
⑪穀物倉
⑫ネルドリンゲン門
⑬城塞化されている水車屋

Tor だ。

このあたり城壁はヴェルニッツ川の分流を自然の堀とし、広々とした緑の牧草地や木立を前景にして、ほんとうに一幅の絵のように連なっている。

ディンケルスビュールの起源は、古来ドイツの東西と南北を結んでいた二つの重要な交易路の交点に、一〇世紀頃に生まれた市場町であるとされている。東西の交易路とは、西はライン河畔のヴォルムスから東はプラハを経てクラクフに至るもの。南北の交易路とは、南はイタリアのヴェローナからブレンナー峠でアルプスを越え、インスブルック、アウクスブルクを経て、北はバルト海岸に至るもの。

この南北の交易路のうち、ヴェローナとアウクスブルクを結ぶ部分はローマ帝国の幹線道路の一つで、クラウディア・アウグスタ街道と呼ばれていた。クラウディア・アウグスタ街道は、ローマ帝国滅亡後もドイツとイタリアを直結する街道としてずっと使われ続け、その後多少の位置変更はあったにしても、基本的には元のルートのままで今日のロマンチック街道の南半に引き継がれている。

ディンケルスビュールの城壁には東西南北に四つの門があるが、東の①ヴェルニッツ門と西の⑨ゼーグリンゲン門、南の⑫ネルドリンゲン門と北の⑦ローテンブルク門をそれぞれ貫いている二つの道こそ、当市発祥の元になった二つの街道の一部だ。

両者が交わる所、市《いち》に集まってくる商人たちのために造られた小さな礼拝堂が、今日の②聖ゲオルク教会の前身だという。

ローマ時代の街道

かつてローマ領だったヨーロッパ、北アフリカ、西アジアの各地に、たとえ短い区間ではあっても、ローマ時代の街道がほぼ完全な姿で残っていることがある。それを見ると、驚くばかりに堅固な造りであったことが分かる。地面をかなり深く掘り、砕石と切石でしっかりした路盤を築き、その上に大きな舗石を敷き詰めてある。しかも、舗石には硬くて磨滅しにくい石が使われている。

道路建設の主役をになったのは軍隊であった。ローマの軍団兵のなかには土木建設に熟達した者がいて、彼らの指導のもとに一般の軍団兵が一致協力し、驚くべき速さで野営陣地、橋、城砦《じようさい》などを構築したことが知られている。平時には、このような軍隊のパワーはもっぱら道路建設に利用された。もちろん、必要に応じて奴隷《どれい》や一般住民の労働力も動員されたに違いないが、リードを取ったのは軍団兵である。そのため、ローマ時代の街道は軍道と呼ばれていた。

ローマ帝国内に四通八達していた軍道は、必要な時に必要な所へ軍隊を急派できるようにしておくことが第一の目的であったが、一般人の旅行や商品輸送にも盛んに使われたから、文化の普及や経済の発展にも大きな役割を果たした。

　このように堅固な造りであったから、ローマ帝国が崩壊しても道路は容易に崩壊することなく、その後もずっと使われ続けた。しかし中世も半ばを過ぎた頃には、ほとんどの街道はまた泥んこ道になってしまったことがいろいろな記録によって知られている。使うばかりで誰も補修をせず、逆に石材を略奪してしまったからだ。

　道路に限らずローマ時代の石造りの建造物はみなそうだが、自然に崩壊したのではなく、石材略奪によって崩壊し消滅したのである。苦労して石切場から石材を切り出してくるより、古代の建造物から石材を剝《は》がしてくる方が、はるかに容易で安あがりだった。そういうわけで民家、城壁、教会、城塞《じようさい》などを造る材料として、ローマ時代の街道からも目ぼしいサイズの石材はどんどん運び去られ、数百年の間についにただの泥んこ道になってしまったと考えられる。

市発祥の原点に建つ聖ゲオルク教会

当市がブルグム・ティンケルスプーエル Burgum Tinkelspuhel という名で初めて記録に現れるのは一一八八年、皇帝フリードリヒ一世（バルバロッサ）の時代のこと。一三世紀に最初の城壁が築かれたが、その線は図に点線で示してあるところで、今でも一連の環状道路（東南側から時計回りでヴェト小路 Wethgasse、フェーレンベルク小路 Föhrenberggasse、バウホーフ通り Bauhofstrasse、ウンテレ・シュミート小路 Untere Schmiedgasse、バート小路 Badgässlein）にその名残をとどめている。

現在の城壁は、一三七〇年から八〇年にかけて拡張された結果である。ヴェルニッツ門のあたりはヴェルニッツ川に面しているため、最初の城壁の線のままで残された。したがって、ここは当市に現存している城壁の最古の部分だ。ただし、ヴェルニッツ門の高い塔は一六世紀末にルネッサンス式で再建されたもの。

門を入ると間もなく「ライオンの泉」があり、右手に聖ゲオルク教会が現れる。前記のように最初ここには小さな礼拝堂があったが一二世紀に改築されてロマネスク式の教会になり、さらに一五世紀にまた改築されてゴシック式のハレンキルへになった。正面入口とその上にそびえている塔だけはロマネスク時代のままで、素朴な味わいがある。塔に向かって右側の三角形の破風《はふ》には、この教会の守護聖人である聖ゲオルクが悪竜を退治している情景を表した彫刻が付いている。

堂内はハレンキルへ独特のすがすがしい感じだ。身廊と同じ高さがある側廊の窓から明るい光がさしこんで、堂内を満たしている。

外側の一角にある「最後の晩餐《ばんさん》」の群像はいかにも素朴な感じで、ほほえましい。

右端にいるのがユダで、裏切りの報酬として得た銀貨三〇枚が入っている袋を握りしめている。

少し離れた所から教会の塔を見上げると、屋上に八角堂が付け足されているのが分かる。これは市の夜警の住居を兼ねた番所であった。当市に限らず中世都市ではどこでも、城壁で囲まれた狭い市域内に木造家屋がひしめきあっていたから、いったん火災が起こると大事に至る危険が極めて大きかった。そこで夜警の一人がいつも塔上から見張っていて、出火を発見するといち早く警報を発し、初期消火につとめたのである。今でも祭りの時には夜警の役を演じる市民が伝統的な衣装を着て、武器、角笛、カンテラを手にして登場する。

昔の家並みがそっくり保存されている美しい街

教会の前、道路が交じり合って広くなっている所がマルクト広場だ。その昔、市《いち》の日には遠近から集まってきた商人でごった返していたのであろうが、今では広場というよりもただの変則的な交差点という感じである。マルクト広場の北に接して道路が特に広くなっている所は、ワインマルクトと呼ばれている。当地の地場産業として重要だったのはワイン造りと織物であるが、そのうちワインの取引はこの細長い広場で行われる習わしであった。

これら二つの広場を囲んで、堂々とした破風を持つ家々が並んでいる。教会の向かい側の角にあるのは③市参事宴会場で、現在の建物は一六世紀に再建されたもの。軽やかな鐘楼と大時計を備え、赤い壁に白い窓、そして屋根の色瓦《いろがわら》が織りなしている模様が非常に美しい。市の迎賓館を兼ねていたため、スウェーデン王グスタフ・アドルフ、神聖ローマ皇帝カール五世など、いろいろな有名人がここで泊まった。今では市の観光案内所や図書館として使われている。

角から北へ三軒目が④ドイッチェス・ハウス（ドイツ館）で、一四四〇年に建てられ、ドイツでも指折りの豪華な木骨組の家として名高い。木部にはさまざまの精妙な彫刻があり、また木骨自体が各階ごとに異なる美しい文様を構成している。ドイッチェス・ハウスというのは一種の屋号であり、もともとは豪商の館《やかた》で、今ではホテル・レストランになっている。建物は国宝級なのに、

ドイッチェス・ハウス

料理の値段はごく普通なのが嬉《うれ》しい。内部の造りも重厚な趣がある。

ディンケルスビュールは、三十年戦争でも第二次大戦でもまったく戦災を受けておらず、このような正真正銘の時代ものの建造物が数多く残っている。そして、町全体の景観も一二～一六世紀のままだというのが市民の誇りである。

一軒おいて右隣は一六〇〇年頃にできた⑤穀物倉（シュランネ）で、今では祝祭ホールになっている。

さらに行くと右側に⑥聖霊シュピタールがある。一二八〇年に設立され、病院と旅人の宿舎を兼ねていたが、ローテンブルクのシュピタールと同じように、設立当時は城壁の外側に位置していたことが分かる。今では市の歴史博物館になっている。

その先に⑦ローテンブルク門がある。外郭を備えた堅固な城門で、一三九〇年頃にできた。ただし高い塔は一六世紀のもの。塔内の部屋は昔は牢獄《ろうごく》として使われていたが、身を横たえることができないような狭い独房もある。なお、団体旅行でローテンブルク方面からきた場合には、この門外の広い堀のところでバスから降り、歩いて旧市街に入ることも多い。

市参事宴会場の角から西へ入り、⑧ラートハウス前を通って⑨ゼーグリンゲン門に至るあいだも、美しい家々が並んでいて写真に良い。この門の手前から城壁に沿って北へ向かうと、巨大な木骨組の建物がある。昔の⑩穀物倉で、今ではユースホステルになっている。その先には、もう一つ大きな木骨組の⑪穀物倉がある。当市は三つの穀物倉を備えていたわけである。

⑫ネルドリンゲン門とその隣の⑬城塞化されている水車屋も写真に良い。

城壁の西南側と西北側は今では緑地や家庭菜園になっているが、昔はここも堀だったことは現地に立って地形を見ればすぐに分かる。小さい都市ながらもハリネズミのように防備を固めていたのである。

ゼーグリンゲン門の塔上からの眺め

木骨組の家

　ドイツの歴史的な街には木造の家がたくさんあって、旅情をそそられる。こういう家々の窓辺には花がいっぱい並んでいたり、木部に彫刻や彩色が施されていたりして、写真や絵の題材としても絶好だ。ドイツの古い街の魅力は、木造の家々を抜きにして語ることはできないくらいである。

　われわれ日本人は古さびた木造の家にことのほか愛着を感じ、興味を引かれるのであるが、ドイツの木造の家は日本のそれとは構造原理が違う。ファッハヴェルクハウス（木骨組の家）と呼ばれているように、ドイツの木造の家は「各階ごとに独立した箱のようになっている構造

木骨組の家。各階ごとに独立した箱のような構造になっている

物」を順に積み上げ、カスガイで固定したものだ。

日本の木造建築では、全体が一つの構造物になっており、各階を貫いている「通し柱」の数が多ければ多いほど、強度もよくなるとされている。

ドイツの木骨組の家はどうだろう。論より証拠で、現物をよく注意して見ればすぐに分かるが、柱は各階ごとにプツプツと切れており、上下で位置もずれているのが普通だ。そして一階よりは二階、二階よりは三階というふうに、上へいくほど「箱」のサイズが大きくなり、外へせり出している例も多い。木造建築は上の階ほど小さくなるのが常識と心得ているわれわれには、たいへん奇妙に感じられる。

しかし、「各階ごとに独立した箱のような構造物」になっている以上、小さい「箱」の上により大きな「箱」を積み重ねても、別に問題はないのである。ただし日本でこういうことをすると、たとえカスガイで止めておいても、地震の時に上の「箱」がずれ動いて崩落する危険が大ありだというのが、日本の建築家の意見である。地震がほとんどないドイツではその心配は極めて少ない。

よく観察すると、下の「箱」の天井を構成している材木の向きが、上の「箱」の床を構成している材木の向きと直角になるように、互い違いに積み上げてあることが分かる。屋根は、屋根裏にくる二つとか三つとかの階と一緒にして一つの構造物に仕上げられている。

一階だけは石造になっている例も多い。その方が堅固で、見映えがよく、また火を使う職人の仕事場とか炊事場とかをこういう石造の一階にもってくると、火災予防という点でもすぐれていたからだ。

手のこんだ造りの家では、木部に彫刻や彩色を施すほかに、木骨そのものの形や組み合わせによって、壁面にさまざまの文様を浮き出させるという工夫を凝らしてある。ディンケルスビュールのドイッチェス・ハウスは、こういう装飾技法を駆使してある好例だ。

木骨の上から壁面全体を漆喰で塗りこめてある家もあるが、形を見ればそれが木骨組の家であるかどうかは容易に分かる。

木骨を露出して、その間の壁面に漆喰が塗られてあると、外見は伝統的な日本建築に非常に似ているけれども、前記のような構造上の違いのほかに、実はもう一つ重要な違いがある。たまたま漆喰が剝落《はくらく》している所を見ればよく分かるが、木骨と木骨の間には煉瓦《れんが》、小さな切石、または木の枝をたわめたものがびっしり詰まっている。木骨と煉瓦、切石、または木の枝が寄り集まって、強固な壁体を構成しているのだ。「壁体が建物の主要な支えである」という西洋建築の原理は、ここでも貫かれている。「柱と梁《はり》が建物の支えであって、壁はただぶらさがっているだけ」という日本建築の造りとは、この点でも根本的に違う。

以上のようなことを頭に入れてドイツの木骨組の家をもう一度よく観察すると、それまで見えなかったことがいろいろと見えてくるようになって面白い。

時代祭りキンダーツェッヘ

七月の第三月曜日を中心として、ディンケルスビュールではキンダーツェッヘKinderzeche（子供たちへのもてなし）という名の盛大な祭りが行われる。

三十年戦争の時、この町は新教徒軍と旧教徒軍との間で八回も争奪の的になった。一六三二年に新教徒側のスウェーデン軍に包囲されて開城を求められた際、市政を握っていた旧教徒の市参事会が援軍を当てにして抗戦をもくろみ、数日間にわたって返事を引き延ばしたため、スウェーデン軍の隊長シュペルロイトをカンカンに怒らせてしまった。結局はあきらめて開城したのであるが、シュペルロイトは全市を略奪してから焼き払うと言ってきかない。

その時ローレという乙女が全市の小さな子供たちを引き連れてスウェーデン軍の隊長の前にまかり出て、地にひざまずいて憐《あわ》れみを乞《こ》うた。子供たちの真剣な願いに動かされて隊長もとうとう怒りをやわらげ、市参事全員を更迭《こうてつ》することと軍用金の貢納を条件にして、町を焼き払うという決定を撤回したと伝えられている。キンダーツェッヘはこの大事件を記念する祭りで、今でも子供たちに感謝の印としてお菓子が配られる。

祭りは前後一〇日間に及ぶが、三十年戦争当時のありさまを再現するページェントや郷土舞踊などが盛大に行われるのは、七月の第三月曜日とその前後の週末である。

ネルドリンゲン

ローマ人が築いた長城が発端

ディンケルスビュールからしばらく行くと、ロマンチック街道はまわりをなだらかな山に囲まれたリース盆地に入る。この盆地は約一五〇〇万年前に巨大な隕石《いんせき》が地球に激突してできたもので、このあたりの岩盤はすべて隕石でできているそうだ。盆地の直径は二五キロもある。今ではリース盆地は豊かな緑におおわれ、そんな天変地異があったとは想像もできないほどで、昔から麦と牛の多産地として知られている。

緑野のかなたに高い塔が見えてきたら、そこがロマンチック街道の三番目の城壁都市ネルドリンゲンだ。

ネルドリンゲンの歴史はローマ時代にさかのぼる。ローマ帝国の全盛時代だった二世紀には、その領域はこのあたりではリース盆地の北辺にまで及んでいた。ローマ人はリーメスと呼ばれる長城を築き（二二六ページ参照）、ゲルマン人の侵入を防いでいたが、リーメスの一部はネルドリンゲンの北約二五キロ、ロマンチック街道から少し離れたメンヒスロート村とヴィッテンバッハ村の間に遺跡として残っている。

中国の万里の長城などと違って、リーメスは堀の土を掻《か》き上げて土塁を築き、その前に木柵《もくさく》を設けた程度だったから、時が経《た》つと単なる土堤のようになってしまう。それがローマ人が造った長城の跡だとは知らなかった中世の人たちは、得体の知れない土堤が野を越え丘を越えてどこまでも続いているのを見て、トイフェルス・マウアー（悪魔の塁壁）と呼んでいた。今でも前記の遺跡はそう呼ばれている。

ローマ人はリーメス沿いに点々と監視所や砦《とりで》を設け、リーメス後方の街道上の要地にも軍隊を分屯させて、ゲルマン人の侵攻に備えていた。ネルドリンゲンはそういう街道上のローマ軍分屯地に起源を持つと考えられており、後述のように市内の歴史博物館にはローマ時代の発掘品も展示されている。

しかしローマ人の進出は長続きしなかった。勇猛なゲルマン人のアレマン族が何回もリーメスを突破してローマ領内に侵入を繰り返した末、ついに二六〇年頃にはローマ軍を完全にドナウ川のかなたにまで押し戻してしまったからだ。以来、当地はアレマン族の居住地になったらしい。語尾が ingen で終わる地名はアレマン族起源であることが多く、Nördlingen もその一つであろうと考えられている。

円環状の城壁と古さびた木骨組の家々

ネルドリンゲンが街道上の市場町として頭角を現し始めるのは一〇世紀頃からである。そして一二一五年には皇帝フリードリヒ二世から帝国自由都市の地位を与えられた。ネルドリンゲンを隆盛に導いたのは、毎年、聖霊降臨節の前後一〇日間にわたって開かれた大市《おおいち》で、南ドイツでは最大級の規模を持ち、多数の遠隔地商人が集まってくることで有名だった。

しかし三十年戦争でドイツのほとんど全土が戦禍をこうむり、通商ルートが変わってしまった結果、ネルドリンゲンの衰微が始まった。人口が三十年戦争前の一六一二年の水準にまで回復したのは、やっと一九三九年になってからだった。

ディンケルスビュールからロマンチック街道をたどって来ると、バルディング門を通って城壁内の旧市街に入る。かつて城壁を取り巻いていた堀の跡は今では木立になって城壁をおおいかくしており、またバルディング門自体もあまり目立たない造りなので、うっかりすると見過ごしてしまう。古さびた木骨組の家々が並んでいるのを見て、はじめて城壁内の旧市街に入ったことに気が付くくらいだ。

現存している城壁は一三二七年に拡張されたもの。一三世紀の初めに築かれた当初の城壁の跡は、ここでもまた環状道路として残っている。城壁はやや細長い円形で、全長は三キロ近くあり、その上をずっと歩いて回ることができる。五つの城門、一六の塔、二つの堡《ほう》塁《るい》を備えているが、総じて実用本位の造りであり、あまり華やかなところはない。それだけにいっそう、城塞《じょうさい》建造物に興味を持っている向きには魅力であるとも言えよう。

マルクト広場から旧市街を歩く

旧市街の中心はマルクト広場で、ラートハウス、大きな木骨組の家々、そして聖ゲオルク教会に囲まれている。広場といっても道路が不規則に交わってやや幅広くな

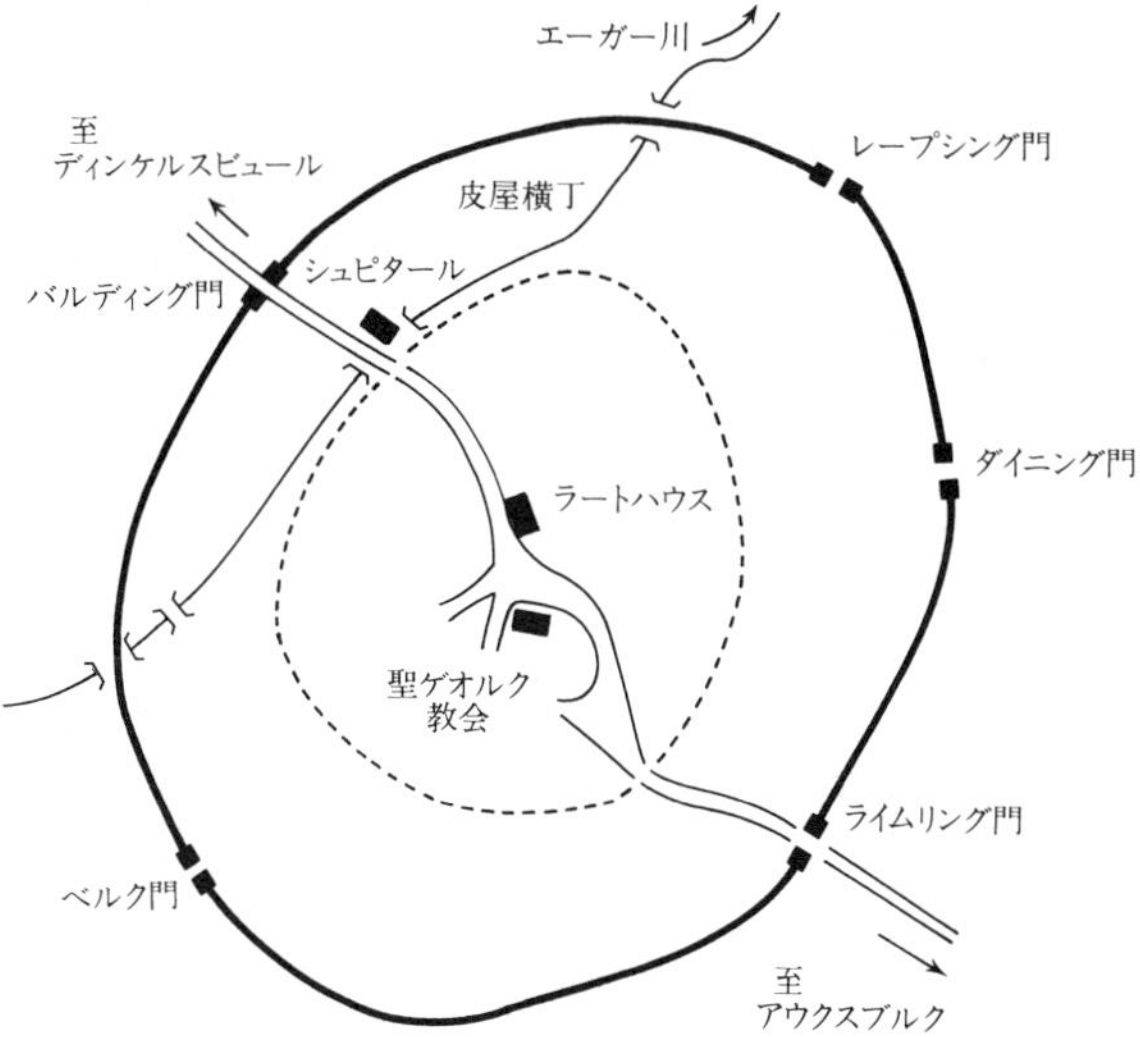

-----第1次城壁の線

っている程度だ。

ラートハウスは一四世紀の建築で、一六世紀に増築された。東外側に付いている見事な石造りの階段は、三十年戦争が起こる直前の一六一八年に完成したもの。三階には一三七七年に当市がシュヴァーベン都市同盟に加入したことを記念する大広間があり、ショイフェリンの筆になる巨大な壁画（一五一五年）で知られている。

聖ゲオルク教会は後期ゴシック式のハレンキルヘで、一五一九年に完成した。鐘楼はダニエル塔と呼ばれ、高さ九〇メートル。三五〇の石段を踏みしめて塔上に登ると、円形の城壁に囲まれている旧市街を眺め渡すことができ、環状道路になっている当初城壁の線もはっきりと分かる。城壁の外の野原まで見えるので、有事の際には絶好の見張り塔になったに違いない。塔上に夜警の番所があり、中世以来の夜警の伝統がここでは今なお守られている。

マルクト広場から少しバルディング門の方に戻ると、右側に元のシュピタールがあり、その一部が歴史博物館になっている。ローマ時代の「笛吹き男」の小像、中世の金細工や武器、刑具、ヘルリーン筆の祭壇画（一五世紀）、三十年戦争の動向を決したネルドリンゲン会戦のありさまを約六〇〇〇個の錫《すず》の兵隊で再現した模型などが興味深い。ネルドリンゲン会戦は一六三四年にこの町の近くで起こり、新教徒側が大敗した。

シュピタールの下をエーガー川が流れている。ネルドリンゲンでは昔からこの水流を利用しての皮なめし業が盛んであった。博物館のわきから川沿いに東北方へレーデラーガッセ Ledergasse（皮屋横丁）を行くと、古色蒼然《そうぜん》たる木骨組の皮なめし屋の家がいくつも残っている。階上に風通しのよい干し場が設けられているのが特徴だ。ネルドリンゲンの旧市街には至る所に時代がかった木骨組の家があるが、なかでもこのあたりの家々はいちばん風情《ふぜい》に富んでいる。

ドーナウヴェルト

鉄道やトラックにお株を取られるまではドナウ川の水運で繁栄

ネルドリンゲンを出ると、間もなく行く手の小高い山の上に堅固な城が現れる。一三世紀の昔から今日に至るまで、ずっと変わることなくエッティンゲン家が城主であるという珍しい城だ。

新道は城の真下をトンネルで通り抜け、旧道は城を右に見ながらヴェルニッツ川が刻んだ深い谷に沿って、古風な家々が並ぶハールブルクの町に入って行く。いかにも城下町という感じのする街並みだ。

新道はそのまま直進してドナウ川を渡る。ヴォルガに次いでヨーロッパ第二の大河になるドナウも、このあたりではまだ川幅がそれほど広くはなく、ドナウ川だということに気付かない人も多い。

旧道はハールブルクからヴェルニッツ川に沿って古来の宿場町ドーナウヴェルト Donauwörth に入る。

ゲルマン民族大移動の混乱期に、ヴェルニッツ川とドナウ川の合流点にあった川中島、すなわちヴェルトに、人々が難を避けて住みつくようになったのが町の起こりだという。一二世紀頃からはドナウ川の水運で栄え、一時は帝国自由都市になったのだけれども、一七一四年にバイエルン大公国（当時）に併合されてしまった。

ローマ時代の昔からドナウ川は盛んに水運に利用されていた。ドーナウヴェルトからさらに七〇キロ上流のウルムまで舟行が可能で、下りの舟は流れに乗り、上りの舟は岸辺を行く馬に引かせた。上流地方で豊富に産する材木を使って、筏《いかだ》の上に箱を乗せたような形の舟を造り、人や物を積んでドナウ川を下ったあと、解体して材木として売り払うということも盛んに行われた。世に名高い「ドナウの箱舟」である。下流地方では材木は良い値で売れたし、流れに逆らって舟を戻す苦労もなく、一石二鳥だった。船頭だけがのんびりと歩いて帰って来た。

今では鉄道やトラックに押されて、このあたりではドナウの川舟は姿を消してしまった（オーストリアとの国境に近いパッサウから下流になると、さまざまの貨物船や客船が往来している）。

ドーナウヴェルトの旧市街には、妍《けん》を競うかのようにさまざまの意匠を凝らした古風な家々が軒を連ね、水運で栄えた昔を物語っている。

アウクスブルク

中世都市群の一方の雄

ネルドリンゲンから約七〇キロでアウクスブルク Augsburg に着く。

紀元前後、皇帝アウグストゥスの時代にローマ軍はこのあたりまで進出し、ドナウ川の支流で水運の便の良いレッヒ川とヴェルタッハ川の合流点に軍営を設けた。紀元前一五年頃、その近くにローマの植民市アウグスタ・ヴィンデリクムが建設され、属州ラエティアの州都になったのが、アウクスブルクの起源である。

そして前記のようにイタリアとラエティアを結ぶ街道が造られてヴィア・アウグスタ・クラウディアと名付けられたのが、現在のロマンチック街道南半分の元になった。

アウグスタ・ヴィンデリクムは民族大移動の混乱期にいったん衰微したあと、また復興してゲルマン風にアウグストブルクと呼ばれるようになり、さらにつづまってアウクスブルクになった。そしてイタリアとの通商や織物業などで大発展をとげ、南ドイツではニュールンベルクと肩を並べる最有力な中世都市にのしあがった。

同じくロマンチック街道上にあっても、これまで見てきたローテンブルク、ディンケルスビュールなどはみな近世以降に発展が止まってしまい、それがかえって幸いして第二次大戦でもあまり爆撃を受けなかったから、町全体として中世の面影をよく残している。それに対しアウクスブルクは現代に至るまで発展を続けて、経済的に重要な大都市になっていたから、第二次大戦ではこっぴどく爆撃された。それで一見すると新しいビルが並ぶモダンな大都市という感じなのだけれど、丹念に歩いてみるとすばらしい歴史的建造物や美術工芸品の宝庫であることが分かる。

しかも、全体としては大都市なのだが、見どころは旧市街の中心部に集まっており、楽に歩いて見て回ることができる。

イタリアとの通商を軸に繁栄

ロマンチック街道はアウクスブルクの旧市街のまんなかを南北に貫いている。北の入口はフラウエントア Frauentor（聖母門）で、城門と若干の城壁が残っている。聖母門と呼ばれているわけは、少し南寄りに聖母マリアに捧《ささ》げられたドーム（司教座聖堂）があるからだ。ドームのあたりは、ローマ時代には町の中心広場フォールムであった。

旧市街の南の入口はローテス・トア Rotes Tor（赤門）で、今なお堅固な城塞の門という趣がある。赤門の名は門上にそびえる塔の色から来ている。

中世都市アウクスブルクは当初は二つの別々の町であった。一つは、領主を兼ねていた司教の力を頼りにして、ドームの近くに集まってきた商人たちの町。もう一つは、少し南へ離れた所にあったベネディクト会修道院の門前に、商人たちが集まり住むようになってできた町である。この修道院には三〇四年に殉教した聖女アフラの遺骸《いがい》を納めた墓があり、それに手を触れてお祈りをするとどんな病気でもなおると信じられ、既に古代末期から多くの巡礼がお参りに来るようになっていた。

この二つの町はだんだん大きくなってくっつき合い、一つの町になる。

一〇世紀頃まではまだ社会情勢が不安定で、治安が悪かった。特にこのあたりでは騎馬遊牧のマジャール人が毎年のように侵入して来て、略奪をほしいままにしていた。それに対して商人たちの力はまだ微弱であり、武力を備えた領主や司教の保護下に入らないことには、安んじて生活し商売をすることができなかったのである。

しかし、だんだん社会情勢が落ち着いて治安が良くなり、商人たち自身も力をつけてくるようになると、彼らの上に君臨している領主や司教の存在がかえって邪魔になり始める。一般に世俗の領主よりも司教は商売に対するもの分かりが悪く、金儲《もう》け

赤門の外郭。赤い塔はこの後ろにある

はキリストの教えに反するとして敵視する傾向が強かったから、司教に支配されている商人たちの不満は大きかった。

　アウクスブルクの商人たちは領主を兼ねていた司教に対し、粘り強く闘争を続け、都市の自治権を拡大してゆき、一三一六年にはついに帝国自由都市の地位を獲得した。

　古来の街道でイタリアと直結しているという好条件を踏まえて、アウクスブルクではイタリアとの取引が非常に盛んだった。イタリアは文化や産業の先進地域であったばかりではなく、絹織物そのほかの豪華な織物類、宝石、香辛料など、東方の特産品もまた地中海のかなたからイタリアに入って来ていたから、イタリアとの通商はアウクスブルクに莫大《ばくだい》な富をもたらした。それとともに地元の織物業なども非常に発展した。「黄金のアウクスブルク」と謳《うた》われた全盛時代は一五〜一七世紀で、豪商フッガー家、ヴェルザー家などが全ヨーロッパにわたって通商を行い、王侯に対する金融業を通じて、ヨーロッパの政局を左右するほどになった。

司教とドーム

キリスト教（カトリック）の地域的な基本組織は司教区である。司教区の広さは歴史的な由来によっているので差違が大きいけれども、ドイツではだいたい日本の小さな県ぐらいの広さがある。そこには一人の司教がいて、司教区内にあるすべての教会を監督し、宗務を統轄《とうかつ》している。司教のうち歴史的に特に優越した地位を認められてきたものが大司教であるが、広い意味では大司教もまた司教の一種である。

司教が在任している教会は、当然のことながら広い司教区内に一つしかなく、普通の教会よりは格式が高くて、ドイツではたいていドーム Dom と呼ばれている。ラテン語で「神の家」を意味する Domus Dei がその語源だ。日本のガイドブックではドームを大聖堂と訳していることが多いが、これは不正確な表現なので、歴史学者などは司教座聖堂という訳語を使っている。教会の建物がいくら大きくても、そこに司教座が置かれている（司教が在任している）のでない限り、ドームではないからだ。現に建物は極めて壮大であるがドームではない教会は、ドイツにいくらもある。

司教座とはもともと司教が座る椅子《いす》のことであったが、転じて司教の地位そのものをも意味するようになった。王座、主婦の座などというのと同じだ。なおドイツでは、司教座が置かれている教会のことをミュンスター Münster と呼んでいる所もある。

ドームやミュンスターは、並みの教会とは比べものにならないほど大きな権力と財力を基にして造られたから、たいていは壮麗な大建築であり、またすぐれた壁画、彫刻、ステンドグラスなどで飾られていることも多いので、観光とは切っても切れない関係にある。また、古都の散策をするのにドームプラッツ（ドーム広場）、ミュンスタープラッツ（ミュンスター広場）を出発点にすると、分かりやすい場合が多い。

司教都市と司教国

司教なるものはキリスト教の迫害時代から存在したが、司教区が公《おおやけ》に設けられたのは、キリスト教が公認された四世紀以降のこと。その際、司教区はおおむねローマ帝国の地方行政区域を元にして画定され、その地方の中心都市に司教座が置かれた。アウクスブルク、マインツ、ケルン、トリーアなどはその好例である。

ローマ帝国が滅亡したあと覇権を握ったフランク王国は、他のゲルマン諸族を服属させることに努力したが、彼らの多くはまだ異教徒だったから、軍事行動と並行してキリスト教に改宗させるという政策をも推し進めた。かくして、フランク王国がドイツの中部から東部にかけて次々に築いていった前進基地にも、新たに司教座が置かれてキリスト教化の拠点になった。

これらが、後にドイツの歴史でいろいろと重要な役割を演ずることになる司教都市、司教領の始まりである。司教領はむしろ司教国というほうが日本人の語感としては事実に近い。

ドイツ国王は、地方の軍事、行政、徴税、裁判などを国王に代わって処理させるためグラーフ（伯）を置いたが、国王の一族や俗人の家臣たちのほか、地方によっては司教や大司教にその権をゆだねた。後にドイツ国王は選挙制になって、中央集権の実があがらず、各地のグラーフはほとんど国王の支配を受けない独立国のような諸侯になってしまう。司教や大司教の場合も同様であった。

こうしてドイツでは、他の諸国に例を見ない司教国や大司教国が成立した。マインツ、ケルン、トリーアの三大司教国、ヴュルツブルク、バンベルク、パッサウの各司教国、広義のドイツに含まれるオーストリアのザルツブルク大司教国などがそうだ。司教や大司教といえばキリスト教の高僧のはずなのに、大きな領土と領民の上に君臨し、武備堅固な城塞《じょうさい》や豪華な宮殿をいくつも持っていたということは、われわれ日本人には理解しにくい事実である。

司教国と君主の交替

司教や大司教は、高位聖職者として独身が建て前であった。現実には「側近くお仕えしてお世話を申し上げる者」という名目で、一人のお大黒はおろか数人の側室を抱えている場合も少なくなかったが、もちろんそれは「神のよみし給《たま》いし結婚」ではなかったから、たとえ子供が生まれても跡を継がせることはできなかった。せいぜい司教や大司教の特権を利用して、子供たちに然《しか》るべき地位を見付けてやれる程度であった。

一般の司教の場合には、学徳ともにすぐれた本来の宗教家が後任者に選ばれることが多かったが、一国に君臨する司教や大司教の場合には、ほとんど常に王侯の次三男坊が後任者に選ばれた。それは巨大な利権の一種として、王侯やローマ法王のあいだで政治的な取引の対象になり、裏で莫大な金が動いたり、候補から降りる代償としてなんらかの領地のやり取りが行われるようなこともあった。

一般に世俗君主国では、君主自身も家臣団もいうなれば土地っ子であるのが普通だ。君主や家臣団と市民の間には、先祖代々つちかわれてきた人脈があり信頼関係がある。君主が代替わりしてもお互いに事情がよく分かっており、先代が市民に認めていた慣習や権利を急に反古《ほご》にしたりするようなことは少ない。

それに反し司教君主国では、代替わりするとまったく他所者《よそもの》の君主が側近を引き連れて乗りこんで来ることになる。君主と市民の間では、最初は信頼どころか警戒心が渦巻く。新任の君主は市民に甘く見られないようにと、必要以上に高圧的になりやすい。土地の事情はよく分からず、たとえ前任者が認めていたことでも、原則論を押し立てて拒否することに何のためらいも感じない。キリスト教の教義を狭く解釈して、商売や利殖を敵視する傾向も強かった。

世俗君主が都市の市民と共存共栄をはかる関係に落ち着いていったのに対し、司教君主の場合には都市の市民と対立抗争の関係に至るケースが多かった理由の一つは、君主交替の際の連続性の欠如にある。

ともあれ司教国、大司教国はナポレオンの時代にすべて取り潰《つぶ》され、プロイセン、バイエルン、オーストリアなど世俗の君主国に併合されてしまった。それぞれの司教や大司教は、本来の立場であるキリスト教の聖職者に戻り、現在もなお存続している。

またアウクスブルクなどでは、司教は市民その他の世俗勢力との抗争に押されて、早くから政治的な権力を失い、単なる聖職者として今日に至っている。

歴史に名高いフッガー家ゆかりの地

アウクスブルクの散策は、鉄道の駅にほど近いバーンホーフ通り七番 Bahnhof-strasse 7 にある観光案内所で、地図付きの案内パンフレットを入手することから始めると良い。この地図には旧市街にある見どころがぜんぶ番号付きで出ていて、たいへん分かりやすい。見どころは六〇近くも出ているから、それらをすべて見て回ることはまず不可能だろう。ここでは重要と思われる所をいくつかご紹介しよう。

九六ページの略図を見ていただきたい。

まず①聖アンナ教会。元は一三二一年にできたカルメル会修道院だったが、後世に増改築された部分が多い。見ものはフッガー家の墓所、ゴシック時代のフレスコ画のある金銀細工師の礼拝堂、そしてクラーナッハが描いたルッターの肖像だ。

歩行者天国になっている賑《にぎ》やかな商店街を通り、㊽ラートハウス広場へ。ルネッサンス式のラートハウスとペルラッハ塔（ともに一七世紀初）がそびえ、帝国自由都市の象徴である双頭の鷲《わし》の紋章が付いている。広場の噴水は皇帝アウグストゥスを記念したもの（一五九四年）。

ペルラッハ塔に向かって左側から東へだらだら坂を下ると、右側に門塀に囲まれた㉔フッゲライがある。デア・ライヒェ（富者）の異名を取ったヤーコプ・フッガーが

冬のフッゲライ。ツタと噴水が見える

造った世界最初の「生活困窮者のための住宅団地」だ（一五一九年）。一軒で二世帯住める二階建ての住宅六七軒と教会があり、噴水も設けられていて、静かな別天地という感じである。壁にはツタがまつわりついて、若葉や紅葉の頃はことに美しい。一軒は博物館になっていて間取りや設備などを見ることができる。モーツァルトの四代前の先祖（左官屋だった）が住んでいた家もある。

家賃は今なお富者ヤーコプの遺志を守ってタダみたいに安い。入居の条件はアウクスブルク市民で、カトリック教徒で、品行が正しく、生活に困っていること。

フッガー家はもともとよそで大規模に織布業を営んでいたが、富者ヤーコプの祖父の代にアウクスブルクに移ってきた。そして遠隔地商業に乗り出して成功し、富者ヤーコプの代には皇帝、法王、諸国王たちに金を融通し、そのカタに取った銀山や銅山を開発して、巨富を積んだ。

カール五世は神聖ローマ皇帝の選挙をめぐってフランス王フランソワ一世と激しくせりあった時、フッガー家から莫大な金を借りて選帝侯（二〇〇ページ参照）たちを買収するのに使った。富者ヤーコプがカール五世に宛《あ》てた手紙に「私が御用立てしなければ陛下は皇帝におなりになれなかったでしょう」と書いたのは有名な話。

王侯への金融は儲けが大きかった代わりに極めて危険でもあった。ずっと後になってスペイン王室が破産状態になり、フッガー家は、巨額の貸し付けが回収不能になって没落した。それでも土地をたくさん買い込んであったので、商人としては立ち行かなくなったあとも、なんとか家名を維持することだけはできた。

歴史的建造物と美術工芸品の宝庫

フッゲライを出てさらに東へ行くと、旧市街を囲んでいた城壁と堀（㉖〜㉛）がかなりよく残っている。同じく城壁の⑳フォーゲルトア Vogeltor（鳥の門）や、前述し

アウクスブルク

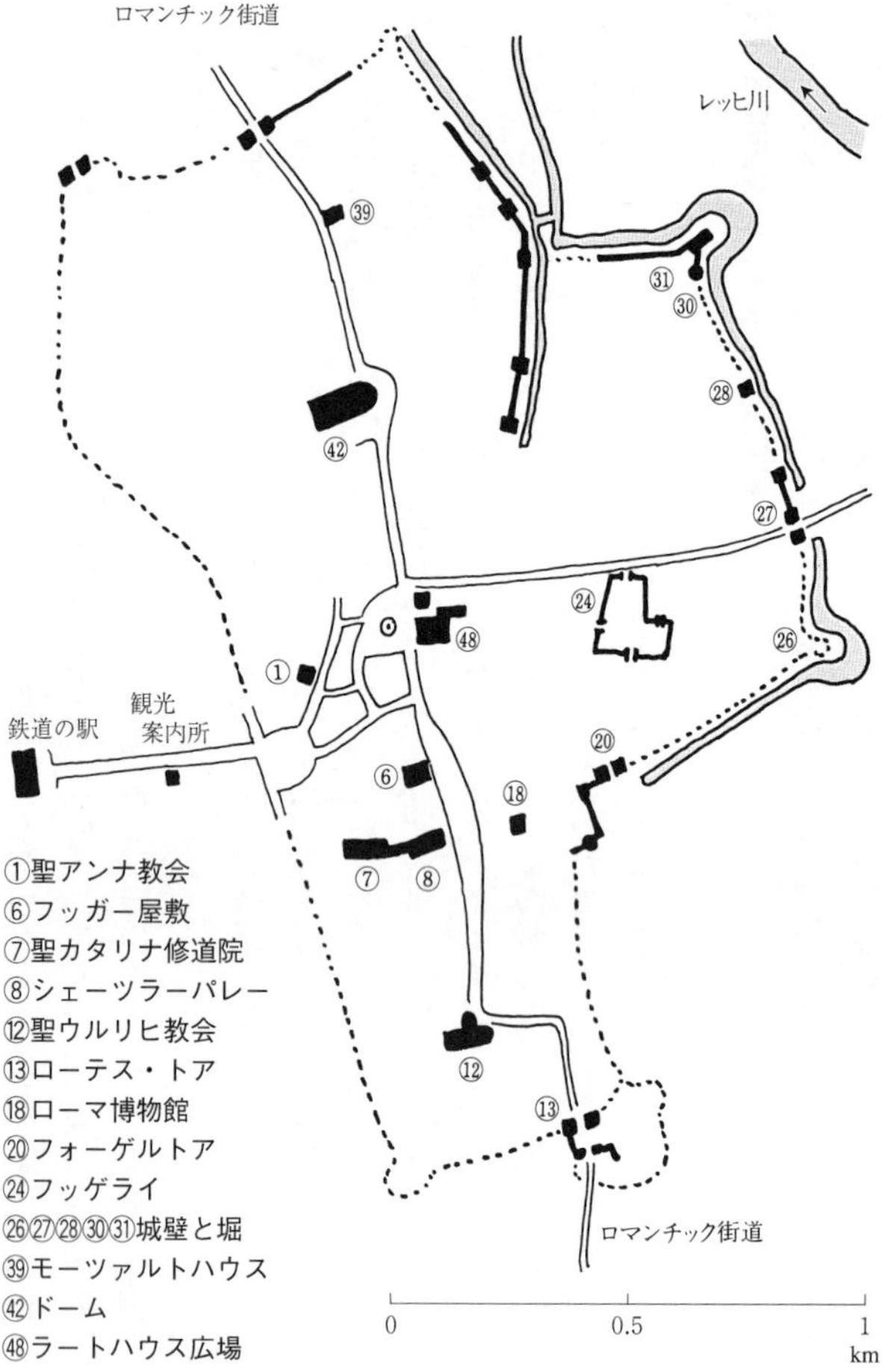
ロマンチック街道
レッヒ川
鉄道の駅
観光
案内所
ロマンチック街道
0
0.5
1
km
①聖アンナ教会
⑥フッガー屋敷
⑦聖カタリナ修道院
⑧シェーツラーパレー
⑫聖ウルリヒ教会
⑬ローテス・トア
⑱ローマ博物館
⑳フォーゲルトア
㉔フッゲライ
㉖㉗㉘㉚㉛城壁と堀
㊴モーツァルトハウス
㊷ドーム
㊽ラートハウス広場

た⑬ローテス・トア（赤門）も写真に良い。
⑫聖ウルリヒ教会（一五世紀）は当市発祥の核の一つになった前述のベネディクト会修道院を受け継いでいる。ここから弓なりに北へ延びる幅広い通りがマクシミリアン通りだ。
⑥フッガー屋敷は今では地上はフッガー銀行、地下はフッガー・ケラーというレストランになっており、日本人の団体がよくここで昼食をとる。しかし歴史に名高いフッガー家の屋敷だと気が付く人は少ないようだ。元の建物（一五一五年）は爆撃で大破し、戦後に新しく建て直されたので無理もない。ただ一つ、ダーメンホーフと呼ばれている中庭にだけ、昔のフッガー屋敷の面影がよく残っている。
⑧シェーツラーパレー（一七七〇年）は当地の銀行家が建てた大邸宅で、今ではドイツ・バロック美術館になっており、ロココ式の華麗な大広間が見事だ。ここで室内楽の演奏会が催されることもある。⑦聖カタリナ修道院（一五一六年）はドイツ・ルネッサンス美術館になっていて、デューラーの筆になる富者ヤーコプ像が見ものだ。⑦⑧は内部でつながっており、入口はマクシミリアン通りにある。
⑱ローマ博物館には、先史時代およびローマ時代の興味深い出土品が展示されている。この建物は一五一三年にできたドミニコ会修道院の聖堂で、一七一六年に当時流

行の華麗なロココ式に改装されたもの。

マクシミリアン通りの名は、ハプスブルク家出身の神聖ローマ皇帝マクシミリアン一世（在位一四九三〜一五一九年）に由来している。彼は政治家としても軍人としても傑出した力を発揮し、男前がよくて、「最後の騎士」と称えられた。これほどの颯《さっ》爽《そう》たる騎士はもはや世に現れないだろうというわけ。彼はアウクスブルクが大好きで、しばしば来遊したり、帝国議会を当地で開催したりした。アウクスブルク市民にとっては名誉なことであり、いろいろと商売の道にもつながったから大歓迎であった。

当時のアウクスブルクでは、経済ばかりではなく市民文化も大いに栄え、市の役員だったポイティンガーは全ヨーロッパでも最高の文化人という令名を得ていた。皇帝マクシミリアンはそういうアウクスブルク市民の気風を愛し、ポイティンガーとは親交を結んでいた。かくして、皇帝マクシミリアンは当市一番の大通りに名をとどめることになったのである。なおカール五世は彼の孫にあたる。

各時代の美が渾然一体《こんぜんいったい》をなすドーム

最後に㊷ドームを訪ねることにしよう。九世紀から一二世紀にかけて造られたロマネスク式の部分と、一四世紀に改築されたゴシック式の部分とが混じり合って、複雑な構成になっている。

外側で見逃せないのは、南側面の入口にあるロマネスク式の青銅扉（一〇六〇年頃）だ。三二面にわたって旧約聖書の名場面が浮彫になっており、ロマネスク独特の素朴な面白さがある。天地創造、蛇の誘惑、楽園追放などなどお馴染《なじ》みのシーンをたどって行くと、時の経《た》つのを忘れてしまう。

堂内は広々とした五廊式である。見ものはたくさんあるが、三傑を挙げれば次のとおり。まず身廊の大きな高窓にずらりと並んでいるステンドグラス（一二世紀）で、旧約聖書の五人の預言者を表し、やはりロマネスク独特の滋味に溢《あふ》れている。この種のステンドグラスとしてはドイツでも最古のものだ。

次は身廊奥の左右にあるハンス・ホルバイン筆の祭壇画（一四九三年）である。テーマは聖母マリアの生涯で、アウクスブルクを代表する画家ホルバインの人間的な温かみが画面から伝わってくるような思いがする。

もう一つは南袖廊《そでろう》の壁面に描かれている高さ一五メートルのクリストフォロス像（一四九一年）だ。童子姿のキリストを背負って激流を渡って行く老いたるクリストフォロスは、迫力に満ちている（二七二ページ参照）。

なお、教会建築では中央に身廊があり、その左右に列柱を隔てて側廊があるのが普通で、これを三廊式という。アウクスブルクのドームのように、左右にそれぞれ列柱が二列あり、側廊もそれぞれ二重になっているものを五廊式という。非常に大規模なドームにだけ見られる例外的な様式だ。それに対し側廊がまったくないものを単廊式という。

　ドームからもう少し北へ行った所にある㊴モーツァルトハウスは、楽聖モーツァルトの父レーオポルトが生まれた家で、記念館になっている。貧乏な左官屋としてフッゲライに住んでいた三代前に比べると、随分と豊かになったもので、レーオポルトが法学の勉強を途中で止《や》めて音楽家になった背景が、さまざまの展示を通してよく分かる。

ヴィース教会

キリストの木像の奇跡を記念して

アウクスブルクから南へ八〇キロ、シュタインガーデンでちょっとロマンチック街道から外れて東南方に入ると、緑の牧草地の中にヴィース教会 Wieskirche の優雅な姿が現れる。正式の名は「ヴィースにある鞭《むち》打たれるキリストの巡礼教会」である。ヴィースとは牧草地という意味。

一七三八年のこと、当地の農家の婦人が、シュタインガーデンの修道院で埃《ほこり》をかぶったままになっていた「鞭打たれるキリスト」の木像をもらい受けて来た。その像は、八年前に制作されたまま放置されていたのである。さて、その像を牧草地の中にあった小さな礼拝堂に安置したところ、朝な朝な木像の頰に水滴があふれ出ているという不思議なことが起こった。それは奇跡だ、鞭打たれるキリスト様が泣いていらっしゃるのだというわけで、噂《うわさ》はたちまち四方に広まり、たくさんの人たちが病気平癒《へいゆ》などを祈願しにやって来るようになった。

ショックを受けたのはシュタインガーデンの修道院長である。尊い御像《みぞう》に対し恐れ多いことをしてしまったと後悔し、野中の小さな礼拝堂の代わりに立派な巡礼教会を建てようと発願する。そして自分が先頭に立って広く一般から浄財を集め、建築資金を造りだした。

巡礼教会、ドイツ語でヴァルファールツ・キルヒェ Wallfahrtskirche とは、何らかの意味で霊地と定められ、多くの巡礼がやって来るようになった場所に造られる教会のこと。このほかにもカトリック圏である西南ドイツやオーストリアの各地には、大小さまざまの巡礼教会がある。

かくしてヴィース巡礼教会はドミニクス・ツィンマーマンに設計が依頼され、一七四六年に工事が始まった。そして五四年に献堂式が行われたが、なおオルガンを設置するなどの内部工事が進められて、五七年に完成した。

ドミニクス・ツィンマーマンは、それまでにいくつもの修道院や教会の建築を手がけ、宗教建築においては当代随一という名声を得ていた。ヴィース教会着工の時は六〇歳であったが、彼はその後の人生の情熱をこの教会に傾け尽くした。そして完成後も離れがたい思いがしたのか、ヴィース教会のすぐそばに居を構え、八一歳で世を去るまで住んでいた。

献堂式

教会建築は、物理的にできあがっただけではまだただの建物に過ぎない。献堂式が行われて初めて、その建物は「神の家」とされ、教会と認められるのである。仏教でも、新しく造った仏像に開眼供養《かいげんくよう》を行うまでは、その像は単なる木や石や金属の塊に過ぎないと考えられているのと同じだ。

献堂式では、教会は聖母マリアとか、そのほか特定の聖人に献げられる。聖母マリア教会、聖ゲオルク教会というような、その教会に固有の名称はこの時に決まる。聖三位一体、聖十字架というようなキリスト教の理念に献げられることもあり、やはりそれによって聖三位一体教会、聖十字架教会などという名称が生まれる。

教会の建築には長い年数を要するので、ある程度まで工事が進み、堂内で礼拝を行うことが可能になった時点で献堂式を行うのが普通だ。残りの工事は後から行うわけである。

ある教会が何年にできたか、を問題にする場合、正式には献堂式が行われた年がそれに当たる。文字通りすべての工事が完成した年とはかなりの差があるのが通例で、その差が五〇年、一〇〇年に及ぶことも珍しくない。

幻想的な美しさに満ちたロココ式の傑作

ヴィース教会は普通ロココ式といわれている。しかし建築史家のなかには後期バロック式、あるいはドイツ・ロココ式として位置付けている人も多い。

もともとロココ式は、フランスで宮殿や邸宅など世俗建築の内装の様式として生まれたものであり、優雅で軽やかな感じを特色とする。元祖フランスでは世俗建築にとどまったのであるが、ドイツでは後期バロックにロココが加味されて独特の様式に発展し、宗教建築でも盛んに用いられるようになった。これがドイツ・ロココ式といわれるものだ。

その特徴を一言でいえば、夢幻の境地に誘い込まれそうな幻想的な華麗さにある。ただ、同じく幻想的な華麗さといっても、盛期バロックでは押しつけがましいまでに仰々しい感じが強いのに対し、ドイツ・ロココでは形態においても色彩においても、ある程度まで抑制が利《き》いていて、割に淡泊な感じになっている。そこに、元祖フランスのロココの影響が見られるといえよう。フランスでロココが生まれたのは、バロックの威圧的な感じが嫌われ、親しみの持てる落ち着いた生活空間が求められたからだ。

いずれにせよ、ヴィース教会は一八世紀ドイツ宗教建築の最高傑作に数えられている。外側から見ると、窓の形、壁面の装飾、破風《はふ》などに曲線と曲面が駆使されていて、バロックの伝統を受け継いだ華やかな動感に満ちている。身廊が長円形で、それに三日月形の前廊が付いているという平面プランは、まさにバロックそのものだ。そして前廊から身廊に足を踏み入れると、目くるめくように幻想的な形態と色彩の交響に、思わず我を忘れそうになる。

二本ずつ一組になって身廊のまわりに並んでいる柱の線は、華麗な柱頭を経て、そのまま天井の壁画に溶けこむかのように広がっている。そして長円形の堂内を歩む者の視線は、自然にその奥に深く入りこんでいる内陣に引き寄せられてゆく。そこはひときわ絢爛《けんらん》たる形態と色彩の美が乱舞している夢幻境だ。

ヴィース教会。柱の線は、華麗な柱頭を経て、そのまま天井の壁画に溶け込む

変化の妙を尽くしているにもかかわらず、盛期バロックによく見られるような押しつけがましい仰々しさが感じられないのは、やはりこのヴィース教会の生みの親ツィンマーマンがドイツ・ロココの旗手であって、過度に華麗にわたることをおさえ、

聖マグヌス像

優雅さを希求したからであろう。

堂内にじっとたたずんでいると、不思議な感動が胸に湧《わ》き上がってくる思いがする教会である。

教会を出て、もし時間が許せば、駐車場とは反対の方向へ緑の牧草地のあいだの小道を、少し散歩することをおすすめしたい。まわりの鄙《ひな》びた景色が心を和ませてくれる。牧草地でのんびりと草を食《は》んでいる牛たちを前景に入れて、教会の全容をカメラにおさめたりするのが楽しい。

道ばたにたいへん古さびた一木彫《いちぼくぼ》りの聖者像がある。路傍のキリスト像、マリア像そのほかの聖者像は、いうなれば日本の野仏《のぼとけ》のようなもので、アルプス山麓地方ではよく見かける。しかしこのヴィースの聖者像は非常に変わっていて、大きな一木彫りであることや、修道士姿の聖マグヌスが悪竜を退治しているという主題が珍しい。家畜や農作物を守っていただきたいという農民の素朴な願いがこもっているようだ。

ノイシュヴァーンシュタイン、新白鳥城

お伽話《とぎばなし》の国から抜け出してきたような城

またロマンチック街道に戻って一〇キロほど行くと、ドイツ・アルプスの峨々《がが》たる山並みが迫ってくる。そして岩峰の一つ一つが見分けられるぐらいの距離にまで近付いた頃、アルプスの急斜面を背景にして、白く高い塔を持つ城がおもむろに姿を現す。ノイシュヴァーンシュタイン Neuschwanstein である。

ノイ Neu は英語の new、シュヴァーン Schwan は同じく swan、シュタイン Stein は同じく stone と語源が同じであり、ノイシュヴァーンシュタインを直訳すれば「新しい白鳥の石」ということになる。ドイツにはほかにも城の名に、シュタイン（石）とかフェルス（岩）が付いている例が多い。

そのうちに、右手の緑の丘の上にも黄色い城が見えてくる。ホーエンシュヴァーンガウ Hohenschwangau で、強いて訳せば「高き白鳥の郷《さと》」ということになる。中世伝説の英雄、白鳥の騎士ローエングリーンにちなんだ名である。この城が先にあり、

後から山上に新しく造られた城が新白鳥城と呼ばれるようになったのだ。

ここでロマンチック街道を離れ、二つの城の間ぐらいを目指して野中の道を進む。あまり近寄り過ぎないうちに、アルプスを背景に新白鳥城の全容をカメラにおさめておこう。道は自然に右へ折れてホーエンシュヴァーンガウの真下に着き、ホテル・レストランや土産物店が並んでいる。その先は、緑の森に囲まれて静まりかえっているアルプ湖だ。

アルプ湖畔から仰ぎ見ると、新白鳥城は急峻《きゅうしゅん》な山の突端に、まるでお伽話の国から抜け出して来たように高く高くそびえ立っている。この壮大な、そして夢見るようにロマンチックな城を造ったのは、バイエルン国王ルートヴィヒ二世だ。

新白鳥城への登り降りには

新白鳥城と麓《ふもと》の間を小型バスと馬車が往復している。馬車の方がロマンチックだけれども、登りは小型バスの方がよい。両者は違う道を通り、馬車は城よりはるか下の方で終点になっているのに対し、小型バスは城より高い所まで登るからだ。小型バスの終点からさらに歩いて登ると、深い峡谷にかけられた陸橋があり、新白鳥城の全景を間近に眺めて写真を撮ることができる。

馬車の終点からだと、この陸橋まで登るのが大変だ。冬は積雪で小型バスが運休になることがあり、そういう場合は馬車で行くしかない。いずれにせよ帰りは美しい森の中の道を歩いて降りるか、馬車に乗ってロマンチックな気分を味わうことにしよう。

フュッセン一泊がベスト

夏は新白鳥城を訪れる人がものすごく多く、時には延々長蛇の列ができて、入場できるまでに二、三時間待たねばならないこともある。一〇時過ぎから一五時過ぎまでが最悪だ。

うまく旅程を調節して、麓のフュッセン Füssen の町で一泊するようにし、午後遅くか朝いちばんに新白鳥城を訪ねるのがベストだ。混んでいないばかりではなく、城も、そしてまわりの大自然も、朝と夕方が最もすばらしい。フュッセンの町そのものも、いろいろと昔の建物が残っていて趣がある。

やむをえず混んでいる時に新白鳥城へ行く場合は、麓のホテル・レストランで新白鳥城の入場券を買っておくとだいぶ助かる。

ホーエンシュヴァーンガウ

ロマン主義の花が開く

ルートヴィヒ二世は、一八四五年にミュンヘンのニュンフェンブルク宮殿で生まれ、多感な少年時代のほとんどをこのアルプスの麓にあるホーエンシュヴァーンガウで過ごした。この城は父マクシミリアン二世が中世の城跡に建てたもので、城内は白鳥の騎士ローエングリーンをはじめとしてさまざまの中世伝説を題材にした壁画で飾られている。ルートヴィヒは日夜それを見ながら、中世への憧《あこが》れに満たされて育った。

中世への憧れを一つの特色とするロマン主義は、当時のドイツで多くの人々の心をとらえていた。ロマン主義は論理よりも情感を重んじ、人類一般にあてはまる普遍性よりもそれぞれの民族に固有の民族性を重んじる思想として一八世紀の後半に生まれ、文学、音楽、美術、建築などのあらゆる分野にわたって全ヨーロッパに影響を及ぼしたが、ドイツでは特に人々の強い共感を得ていた。

「ドイツ人は優秀な素質と偉大な伝統を持っているのに、民族的な統一がないばかりに政治・経済・文化のさまざまな面でイギリスやフランスに大きく遅れをとっている」と感じていたドイツ人は、民族的なものや歴史的なものに固有の大きな意義を認めるロマン主義にひかれていたのだ。

一九世紀になってドイツの各地で、半ば崩れかけていた中世の城が美々しく修復されたり、由緒《ゆいしょ》ある中世の城跡に新しく城が造られたりしたのも、ロマン主義の一つの表れである。ただ、その頃の風潮として中世讃美が先に立ち、学問的に厳密な考証は軽視されがちだったから、今となっては「無くもがな」と思われる修復もある。

中世の城を模した擬古城の建設も同じ流れの上にあり、その最大最美の例が新白鳥城だ。ルートヴィヒ二世は中世への憧れにとりつかれ、バイエルン国王としての権力をフルに使い、最後には王室財政を破綻《はたん》の淵《ふち》に追いこんだほど財力を傾けて三つの城を造った。その一つが新白鳥城である。

ワーグナーに心酔したルートヴィヒ二世

ルートヴィヒ二世が少年の頃から抱いていた中世への憧れに火をつけ、激しく燃え

若き日のルートヴィヒ二世

上がらせたのは、ロマン主義音楽の巨匠ワーグナーである。ルートヴィヒは一五歳の時にミュンヘンの宮廷劇場で初めてワーグナーの歌劇『ローエングリーン』を観《み》て、身体《からだ》中がびりびり震えるほどの激しい感動を覚え、異常なまでに熱烈なワーグナー・ファンになる。一八六四年にマクシミリアン二世が死に、一八歳で王位に就いたルートヴィヒが、王としての権力を使ってまず最初にやったことはワーグナーを呼び寄せることであった。

この時ワーグナーは五一歳で、既に作曲家としての名声もあがり、ヨーロッパ各地で音楽活動を行うという実績を持っていたにもかかわらず、収入は不安定で、持ち前のぜいたく好みもわざわいし、至る所で借金を重ねていた。そして借金取りの追及をかわすためにウィーンからスイスへ逃げ、さらにシュトゥットガルトに移って身をひそめていた所へ、若いバイエルン国王からの特使が来たのであった。

王はワーグナーが安心して作曲に専念できるように、生活費及び借金返済のための莫大《ばくだい》な金を与え、自分の離宮があるシュタルンベルク湖畔には静かな別荘を、ミュンヘン市内には豪華な邸宅を用意してやった。しかしあまりの厚遇が関係者の嫉妬《しっと》を招き、ワーグナーの不用意な言動によってミュンヘンの言論界をすべて敵に回す結果になり、おまけに弟子ビューローの妻コジマとの不倫な関係があばきたてられて、ワーグナーは一時国外へ退去しなければならなくなる。

しかし王とワーグナーの親交はワーグナーがヴェネツィアで客死するまで続いた。多額の費用を出してワーグナーの作品がたびたび上演されるようにしたのも、ワーグナー畢生《ひっせい》の大事業であったバイロイト祝祭劇場の建設費・運営費をおおかた負担してやったのも、王であった。

ワーグナーはついに新白鳥城を見ずじまいであったけれども、両者の関係は深い。最初の頃、王はワーグナーの新作を「我々の作品」と呼んでいた。二人の力が合わさってできた作品という意味だ。が、こと芸術に関してはワーグナーは確固たる自分の意見を持っており、上演方法や歌手の人選などについては、たとえ大事なパトロンである王の意見といえども、納得できないことは一蹴《いっしゅう》してはばからなかった。

それで王は、いぜんとしてワーグナーの作品に心酔していたけれども、それを創《つく》り出した者はワーグナーであって王自身ではないことを痛感する。そして「王自身が主人公になって創り出せるもの」を探し求めた結果が、王の権力と財力と情熱のすべてを注ぎこんで夢の城を造らせることにつながったといわれている。

できあがった城は、中世伝説の世界への讃歌を体現したものだった。ワーグナー自身は新白鳥城の計画にはタッチしなかったが、彼の作品に霊感を得てルートヴィヒ二世の胸の中に燃え立っていた中世伝説の世界への讃歌が、ここで建築という形に結晶したのである。岩峰の上にそびえる城の姿そのものも、城内の造りや中世伝説をテーマにした壁画の数々も、まさにワーグナーの歌劇や楽劇の世界そのものだといえるだろう。

ワーグナーはなぜ追い出されたのか

リヒャルト・ワーグナーは、一八一三年にザクセン王国のライプツィヒで生まれ、ドレスデンで育った。若くして劇作と音楽の才能を現したが、作曲で身を立てることは極めて難しく、貧苦に耐えながら、音楽家として活躍できるチャンスを求めてヨーロッパ各地をわたり歩いた。

三〇歳になって、やっと故郷のドレスデンで宮廷指揮者に任命される。そのまま音楽だけに専念していれば平穏な人生になったかも知れないのだが、一八四九年にドレスデンで起こった革命騒ぎにリーダー格で参加し、逮捕状が出て命からがらスイスへ亡命した。そのうちに作曲家、文化人としての名声が高まり、ザクセン王国政府が赦免状を出したのは一三年後のことだ。

それでもなお借金取りに追いまくられていたワーグナーが、思わずもルートヴィヒ二世に迎えられた時、保守的なミュンヘンの人たちはまだ「凶悪で危険な革命家」というイメージを捨てきってはいなかった。それが破格の莫大な年金を受け、王室の費用で邸宅を豪華に飾りたて、あまつさえ過去の借金の尻《しり》ぬぐいまでさせるとは。

一八六五年の一〇月に、王がまたしてもワーグナーに四〇〇〇グルデンという大金を支給することを決めた時、反対派の役人たちは一計を案じ、紙幣が無いからと言って全額を硬貨で渡した。ワーグナーの代理で金を受け取りに来たコジマは、やむをえずそれを四〇個ほどの大きな袋に入れ、馬車二台に積んで運んだ。しかも、これ見よがしに仰々しく騎兵の護衛を付けられて。市民は、「悪党の情婦が山のように税金をかっさらって行った」と噂《うわさ》した。

コジマは、ピアニスト・作曲家として名高いリストの娘である。ワーグナーの引きで宮廷指揮者になっていたビューローの妻であったが、この頃はもうワーグナーとの仲はミュンヘン中に知れ渡っており、「知らないのは王様だけ」といわれていた。ワーグナーには、若い時に大恋愛の末に結婚した元女優のミンナという妻がいたのだが、ワーグナーはとっくの昔に彼女を置き去りにしたままだった。それやこれやが、ワーグナーの反対派に利用されたのである。

疎外感《そがいかん》にさいなまれ

ルートヴィヒ二世はアルプス山麓《さんろく》地方が大好きで、王位に就いてからもよくミュンヘンの王宮を留守にして、ホーエンシュヴァーンガウや、シュタルンベルク湖畔の離宮ベルク城に滞在した。そして一八六六年の五月、青葉若葉がひときわ目に美しい頃、ホーエンシュヴァーンガウからよく見える岩山の突端の景勝地に、中世風の城を造ると発表した。これが後に新白鳥城と呼ばれるようになる。

かねてから王が抱いていた城造りの望みがこの年に急に具体化した背景には、前年の秋に王が受けた深い心の痛手があったのではないかといわれている。不可解なりゆきの末に起こった婚約解消事件である。

ルートヴィヒ二世は一九一センチの長身で、苦み走った凜然《りんぜん》たる風格を備えていた。王侯の姫君たちはこの青年王の妃《きさき》になることを夢見、親たちも色めき立ったのは当然である。王は二一歳の春に自ら望んで王族の一人であるゾフィーと婚約した。ゾフィーは一七歳で、匂《にお》うばかりに美しく、これ以上見事なカップルはないだろうと思われた。ご成婚の準備は着々と進み、日取りも決まり、記念メダルや金色燦然《さんぜん》たる豪華な馬車までできたのに、王は二度三度と日取りを延期し、あげくの果てに一方的に婚約を解消してしまった。

全世界から送られて来ていた結婚祝いの品々は宙に浮き、ご成婚にお相伴して国費で結婚式を挙げてもらえることになっていた一〇〇〇組の花ヨメ花ムコたちはがっかりした。しかしゾフィーはすぐにまたいいおムコさんを見付けたし、宮廷関係者も「まだ陛下はお若いのだから」と楽観していた。

ひとり心の中で深く傷ついていたのは、王自身であったと考えられる。不可解な婚約解消の真因は、王が同性愛者だったことである。その頃の王は国務に熱心であり、ちゃんと結婚して世継ぎを儲《もう》けることは国王たる者の義務であると感じていたであろう。しかし、王は女性に対してまったく関心を持つことができず、秘《ひそ》かにお気に入りの侍従や青年士官を寵愛《ちょうあい》していた。それなのに同性愛については激しい罪の意識を持ち、なんどもなんども悔恨し、きっぱり止《や》めようと毎日のように誓いを立てながら、結局は泥沼にのめりこんでいったありさまが、死後に発見された日記によって明らかになっている。

栄光と権力と若さを兼ね備え、王は何の屈託もなさそうに振る舞ってはいたが、時として激しい絶望と疎外感にさいなまれ、人里離れた山の上に自分一人のための城を、

ノイシュヴァーンシュタイン、新白鳥城

この世のものならぬ中世伝説の世界を再現した城を、造り上げたいと思うようになったのではなかろうか。

もちろんその当時はまだ、国務に精を出していたし、生身の女性と関係を結ぶことを峻拒《しゅんきょ》していたほかは、王として普通の社交生活を送っていた。

王の夢の城を訪ねる

王に命じられて城の基本プランを作ったのは建築家ではなく、中世城郭の研究家でもなく、宮廷劇場の舞台装置家だったヤンクである。新白鳥城が何となく芝居の舞台を思わせるような雰囲気を漂わせている理由は、そんなところにもある。

そのほか何人もの建築家、画家、工芸

家などが協力し、王の意を受けていろいろとプランを出した。しかし、全体像についても細部についても最終案を決めたのは、いつも王自身だった。新白鳥城は王自身の創作でなければならなかったのだ。

王はまたアイゼナッハのヴァルトブルク城、ニュールンベルクのカイザーブルク城、パリ近郊のピエールフォン城など、名だたる「真の中世の城」をいくつも視察し、図面も取り寄せた。しかし、新白鳥城を一見すれば明らかなように、王が望んだのはこのような「真の中世の城」の趣を再現することではなかった。新白鳥城を訪ねて、古城の趣を探し求めようとするのは野暮というべきだろう。新白鳥城は、あくまでもルートヴィヒ二世という王が創作した夢の城なのであり、我々も一緒に「王の夢」の中にひたりきるほかない。

そういう気持で、城の案内人に従って城内を見て回ることにしよう。見学コースの最初の所で「このあたりはロマネスク式」という説明がある。確かにロマネスク式の特徴である円頭アーチやロンバルド帯などが盛んに使われてはいるが、全体としての感じは、ドイツ各地に残っている真の中世ロマネスク建築の素朴で剛健な趣からはほど遠い。やはりこれは「王の夢」の城なのだ。

見学コースでの最高の見どころは、次の「玉座の大広間」である。城の西側全体の四階と五階がぶち抜きになっており、ビザンチン式の聖堂に範を取った構成は荘重の気に満ちている。原案を描いて王に提出した画家エドゥアール・イルはヴェネツィアのサン・マルコ大聖堂とイスタンブールのアヤ・ソフィア大聖堂をヒントにした。球形と半円筒形の組み合わせで造られた深みのある空間。金色まばゆい壁面には天使の群、十二使徒、六人の聖王とその事跡が描かれている。青地にちりばめられた金色の星は天空を表し、動植物をモチーフにしたビザンチン式の床モザイクは大地を表す。

モザイクは、高価で色美しい貴石の類《たぐい》や象牙《ぞうげ》なども含めて、二〇〇万個の細片で構成されている。工事は王の死によっていったん中断した後、貴石や象牙の部分は模造品を使って仕上げられた。

これもやはりビザンチン式の聖堂にあるのと似たような円環状の吊《つ》り燭台《しょくだい》は、重さ九〇〇キロ。磨き上げたりローソクを替えたりするのに便利なように、天井裏に設けられたウィンチで上げ下げできるようになっている。

この大広間の主役であるべき玉座は黄金と象牙で仕上げられるはずであったが、ついに幻に終わる。イタリアから取り寄せた純白のカララ大理石で築かれた壇上は、そこだけぽっかりと何かが欠けているように空白のままである。

新白鳥城とドイツ再統一

ルートヴィヒ二世が新白鳥城の建設に夢中になり始めた頃、政治面ではドイツの再統一という大事件が進行しつつあった。

ドイツを再統一するについては、プロイセンとオーストリアのどちらが主導権を取るかということが争点であったが、プロイセンは一八六六年の戦争でオーストリアを屈服させ、ドイツの統一問題から手を引く約束をさせた。残るは、ドイツの統一をあくまで妨害する構えだったフランスである。そのフランスも、一八七一年にプロイセンの策謀に乗せられて、自ら開戦しておきながら大敗し、ドイツ統一の機は熟した。

この戦争は世に普仏戦争と呼ばれているけれども、バイエルンもプロイセンの同盟国として軍を出し、その数はドイツ側の全軍の三分の一を占めたほどであった。

さてオーストリアを除く二三の君主国、三つの自由都市の連邦として、新しくドイツ帝国を結成しようという運びになった時、ルートヴィヒ二世はプロイセン国王とバイエルン国王とが交互に皇帝の位に就くという案を出した。バイエルンはプロイセンに次ぐ大国であり、また軍事力ではプロイセンにかなわないにしても、歴史的に見て王家の格という点ではバイエルンの方がプロイセンよりはるかに上であった。

しかし、この提案はプロイセンの宰相ビスマルクに一蹴される。ルートヴィヒ二世が頭に描いていたのは、かっての神聖ローマ帝国皇帝のように多分に象徴的なものだったのに対し、ビスマルクが目標にしていたのは、名実ともに備わる強固な統一帝国の君主としての皇帝だった。

ビスマルクは、ただバイエルン王家の権威だけを利用し、ルートヴィヒ二世を音頭取《おんどと》りにして他の諸国に呼びかけさせ、プロイセン国王ウィルヘルム一世を皇帝に推戴《すいたい》させようとした。大いに自尊心を傷つけられたルートヴィヒ二世は、なかなかウンといわない。そこでビスマルクは、帝国が結成されてもバイエルンにだけは外交、軍隊、通貨、鉄道、郵便などについて特権を認めるから、と説得につとめた。王が新白鳥城の建設資金に困っていることに目をつけ、プロイセンの機密費から用立てようと、からめ手から誘惑したとも伝えられている。

ルートヴィヒ二世としては無念の極みだったろうが、バイエルン国民のためにはそれが最良の途《みち》であろうと考え、音頭取りを引き受けることにし、ビスマルクの特使が持って来た草案通りの親書を作って、ドイツ諸国に送った。しかし、プロイセン軍がまだパリを包囲している最中にヴェルサイユ宮殿で行われた皇帝推戴式には、歯痛を口実にして出席せず、弟のオットーを代理として派遣した。

バイエルン軍が凱旋《がいせん》して来て国中は戦勝祝賀で湧《わ》き立ったけれども、ルートヴィヒ二世は心の奥深くで暗い挫折感《ざせつかん》を噛《か》みしめていたに違いない。

円頭アーチとロンバルド帯

入口、窓、列柱廊などに半円形の円頭アーチがもっぱら使われるのがロマネスク式の一つの特徴だ。後ろが壁で詰まっているアーチ、言いかえれば壁面に添え付けられたようなアーチをブラインド・アーチというが、軒端《のきば》や窓の下などに小さな円頭アーチをずらりと連ねたブラインド・アーチの帯を設けるのはロマネスク式に独特のことで、これをロンバルド帯という。北イタリアのロンバルディア地方で始まり、各地に広まったからだ。

次のゴシック式の時代になると、先の尖《とが》った尖頭《せんとう》アーチがもっぱら使われるようになり、窓の高さは飛躍的に高くなる。

バンベルクの大聖堂。ロマネスク独特の円頭アーチとロンバルド帯が見える

中世趣味と先端技術をないまぜに

続いて王の日常生活のための部屋がいくつもある。ゴシック風に仕上げられ、トリスタンとイゾルデ、聖杯の騎士、ローエングリーン、ニュールンベルクの名歌手など、ワーグナーの作品でもお馴染《なじ》みの中世伝説を題材にした壁画で飾られている。王のベッドの天蓋《てんがい》は樫《かし》の木で造られ、ゴシック風の精緻《せいち》な彫刻が施されている。天井や羽目板の彫刻も含めて、一四人の彫刻家が四年の歳月を費やしたという。カーテン、ベッドカバー、椅子《いす》の背などに使われている重厚な布地の青は、刺繍《ししゅう》の金色とともにルートヴィヒ二世が最も好んだ色だ。青はバイエルン王家のカラーでもあった。

王の居間と執務室の間に、人工の鍾乳洞《しょうにゅうどう》が現れて見学者を驚かせる。タンホイザーの伝説にある「愛欲の女神ヴィーナスの洞窟《どうくつ》」だ。小さな滝と池を設け、当時としては先端技術だった電燈《でんとう》と回転する色ガラスを使い、この世のものとも思えぬ夢幻的な照明をする予定であったが、未完に終わった。

次は、階段を上って五階にある「歌手の大広間」である。中世の昔に歌合戦が繰り広げられたというヴァルトブルク城の大広間を模したもの。これも本家の方はもっと渋い造りであり、やはり華麗を極めた「王の夢」の創作品というほかない。

最後は一階の調理場だ。ひたすら中世に憧《あこが》れた王は、意外なことに最新の科学技術を取り入れるという趣味をも持っていた。巨大な吊り燭台を上下する装置、刻々と色が変わってゆく電光で洞窟を照明する装置などもそうだが、実用を旨《むね》とすべき調理場では、特にいろいろと世界中で初めてという装置を造らせた。王は美食家で、調理場に金をかけることを惜しまなかったのである。

現代のシステムキッチンに付いているのとほとんど同じような形をしたオーブンや調理台。余熱を利用して皿を温めておく棚。小牛や羊や豚を丸焼きにするとき、立ち昇ってくる熱風を利用してタービンを回し、それを歯車で伝えて焼き串《ぐし》をくるりくると回す装置、などなど。

水については、二〇〇メートル上方の山あいに岩清水を集める貯水池を造り、自然の水圧によって城の最上階まで含めた全館に給水できるようになっている。例えば王の寝室には白鳥をかたどった水差しが設置されているが、蛇口をひねると白鳥の嘴《くちばし》から水がほとばしり出る。

調理場の奥にボイラー室があり、宮殿の全室が温風で暖房できるようになっている。寒さが厳しくて温風だけでは足りない場合に備え、暖炉にくべる燃料を専用の巻き上げ装置で各階に運ぶ手だてまで整えてあった。

城の建設が王の破滅を招く

新白鳥城は着工から八分通り完成して何とか使えるようになるまでに、一七年の歳月を要した。城は切り立ったような断崖《だんがい》に囲まれた山の上にあり、建設機械があまりなかった当時としては大変な難工事であった。おまけに「王の夢」の中身がときどき変わり、途中までできている所でも王のインスピレーションが命じるままに工事のやり直しが行われたので、余計に長くかかった。

しかし一七年という歳月と、王の命取りにつながった莫大《ばくだい》な工費をかけた末に、王がこの城に住むことができた日数はたったの一〇二日間であった。どうしてそういうことになったのだろうか。

一番の原因は王の築城熱がとどまる所を知らなかったからだ。新白鳥城の建設を始めてから五年後に、王は第二の城、リンダーホーフ城の建設を始め、そのまた四年後に第三の城、ヘレンキームゼー城の建設を始めたのである。リンダーホーフ城は割に規模が小さく、着工してから四年後に完成した。王の生前に完成したのはこの城だけだ。そういうわけで一時は三つの城の建設が並行して進められたのである。

こういう城の建設はバイエルンの国家事業ではなく、王の私的な事業として行われ、費用は王室費でまかなわれた。ものの本に、新白鳥城のためにバイエルンの国家財政が破産に瀕《ひん》したというふうに書いてあることもあるが、間違いである。しかし王室費は議会の承認を経て国庫から支出されたのであり、税金でまかなわれていることに変わりはなかった。

王は金のことには頓着《とんちゃく》せず、工事費をツケに回したり、王室公債を発行させたりして、好きなように工事を進め、一八八六年には負債総額が二六〇〇万マルクに達した。これは王室歳入の二倍半を超える金額で、普通なら破産状態であり、とっくの昔に工事がストップしているところだったが、「王様がなさることだから」というのでなまじ信用があるために、負債はふくれ上がる一方だった。

王室費はもともと王の生活費、儀礼費、交際費、ミュンヘンその他にいくつもある宮殿の維持管理費、人件費などにどうしても必要なものであり、城の新築費に回せる額には限りがある。

バイエルンのルッツ首相たちが頭に来たのは、王の金使いにはまったく見境も際限もなく、しかも建設される城は無用の長物であり、すべてが狂気の沙汰《さた》としか思えなかったからだ。例えば、ヘレンキームゼー城はヴェルサイユの宮殿と庭園をまねしようというもので、既にひどい金食い虫として政府関係者を悩ませていた新白鳥城の工費を三倍以上も上回り、二〇〇〇万マルクという工費が見込まれていた。しかも実際に使われる可能性は無きに等しかった。この城に王が滞在したのは合わせて七日間だけ、ヴェルサイユ宮殿の「鏡の間」を模した豪華な大広間を使ったのは一回だけで、それも数百本のローソクをともして王一人で大広間の中を歩き回っただけだった。何という無意味な金の使い方であろうか。

新白鳥城の建設にはいくらかかったか

当時の金で約六二〇万マルクかかったことが記録に残っている。それが今日の金でどのくらいに相当するかという計算には、複雑な要素がからんでいて正確な答を出すことは不可能に近い。工事が続いていた一七年の間にさえ、少なからず貨幣価値の変動があった。しかし大雑把な見当をつけるだけなら、例えば次のような計算が成り立つ。一八七一年のバイエルン王国における学校教師の年収は一四〇〇〜二〇七六マルクだった。いま日本の学校教師の年収が五六〇万〜八三〇万円だと仮定すると、一マルクは四〇〇〇円になり、六二〇万マルクは二四八億円に相当することになる。

そこへまた新しい事態が起こる。王が王室費の特別追加として六〇〇万マルクを要求し、翌年にはさらに第四の城、ファルケンシュタイン城を建設すると言い出したのだ。それは新白鳥城よりももっと凄《すご》い岩峰の上に、もっと壮大な城を築くという計画である（この城の完成予想図は新白鳥城の玉座の大広間に描かれている）。さらに将来はビザンチン風の宮殿や東洋風の宮殿も造りたいといって、お抱えの画家や建築家に案を描かせるありさまだ。そして大臣たちがいくら苦言を呈しても、城や宮殿を造るのは国王の権能だと言って、頑として聞き入れない。

ここに至ってルッツ首相らは重大な決心を迫られた。

王様が危ない！　農民たちは馳《は》せ参じたが

「国王陛下は重い精神病にかかっておられて統治不能である」という旨を内外に宣言し、王の叔父ルイトポルト公を摂政《せっしょう》にしようというのがルッツ首相らの作戦である。事は秘密、迅速を要した。憲法では大臣の任免権は王にある。まかり間違えばルッツ首相らは罷免《ひめん》され、反逆罪で逮捕される危険さえあった。

確かに、王の日常生活は異常というほかなくなっていた。ミュンヘンにはまったく寄りつかず、アルプス山麓《さんろく》地方にばかりいて、昼間は眠り、日没頃に起きて入浴し、真夜中に昼食を取る。夏は金ピカの馬車、冬は金ピカの馬ソリに乗り、バロック風の華やかなお仕着せの供を連れて、夜の田舎路を走り回るのが好きだった。土地の人は慣れっこになっていたけれども、夜道で初めて出会った者は何事ならんと仰天した。

そんな不自然な生活がたたって、若い時の颯爽《さっそう》たる姿はどこへやら、まだ四〇歳そこそこだというのに醜く太り、歯は抜け落ちて言語不明瞭《ふめいりょう》で、以前にも増して人前に出るのを嫌うようになっていた。国王の職務ともいうべき公式行事などは完全にボイコットし、ミュンヘンから大事な用件をかかえて政府高官がやって来ても、真夜中の城内で何時間も待たせたり、面会を拒否してお気に入りの召使に話を通させたりした。ほかにもいろいろと王の言動には常識では考えられないことが目立った。

ルッツ首相に王の精神鑑定を依頼されたグッデン教授らは、王を診察するわけにもいかず、政府側のスパイをつとめていた召使などの証言を基に、王はパラノイア（偏執狂）という不治の精神病にかかっているという診断書を作った。

不意討ちをかけて王に精神病を宣告し、有無を言わせず身柄を拘束しようと、摂政ルイトポルト公の全権委任状を用意した政府使節団が、ホーエンシュヴァーンガウにやって来る。ピンと来た王の御者は秘《ひそ》かに城を抜け出し、夜道を駆け登って新白鳥城にいる王に急を知らせる。別の従僕は村の消防団長に連絡し、農民たちは「王様が謀《む》反人《ほんにん》どもに捕まりそうだ」と聞いて、手に手に武器になりそうな物を持ち、闇《やみ》をついて新白鳥城に集まって来た。王が毛嫌いしていたのは都会人であり、近くの農民たちとはいつも気さくに話し合う仲だったのだ。

計画がバレたことに気付いた使節団は夜なかに礼装に着替え、新白鳥城に登って王に面会を求めたが、農民たちの応援を得た城の衛士に追い返された。王は怒り狂って、まだホーエンシュヴァーンガウにいた使節団を捕えさせたが、そのうちに機嫌が直り、使節団を釈放してしまう。折角集まって来た農民たちも帰らせてしまった。

入れ違いに、最後まで王に忠実だった元侍従のデュルクハイム伯がミュンヘンから駆けつけ、王にミュンヘンに戻るか、さもなくばすぐ隣のオーストリア領に一時避難することを強くすすめたが、王は聞き入れない。デュルクハイムからの電報を受けたビスマルクも、やはりミュンヘンに戻って国民の前に姿を現すようにすすめたが、王はこの忠告を無視した。デュルクハイムはまた、四〇キロ先のケンプテンに駐屯している騎兵隊に出動を要請する電報を打ったが、政府の手が回っていて電報は押さえられてしまった。

この期《ご》に及んでもなお王の権力は絶対だと信じていたのか、それとも既にボケが始まっていたのか、王は有効な対策をすべて見送った。側近にいた侍従たちも骨無しばかりだった。二日後の夜明け前に王は新白鳥城で取り押さえられ、シュタルンベルク湖畔のベルク城に連れてこられた。

王はシュタルンベルク湖で謎《なぞ》の死

ベルク城は王が少年時代からしばしば滞在し、ワーグナーやシシと語り合い、楽しい時間を過ごした思い出の地だ。それが今は何という変わりようであろうか。王の部屋の窓には鉄格子《てつごうし》がはめられ、ドアには王の行動を監視するための覗《のぞ》き窓が設けられている。

翌日は雨だったが、王は朝食後に散歩を希望した。主治医としてグッデンが付き添い、監視人たちが後ろから見え隠れに随《つ》いて行く。夕食前に王はまた散歩したいと言い出した。朝の散歩の時に王がおとなしかったので気を許したのか、グッデンはこんどは自分一人だけで付き添った。ところが八時になり八時半になっても二人が戻らないので、城では大騒ぎになり、手分けして捜索が始まった。六月一三日のことで、本来なら北国ドイツの空はまだ明るいはずなのに、この日は雨が激しくなり暗くなってしまっていた。

一〇時過ぎに二人の帽子、王の上着、そして傘が湖の岸で見つかった。グッデンを補佐していた医師のミュラーは、この知らせを受けるとすぐにボートで湖上の捜索を始めた。間もなく王の遺体とコートが水に漂っているのが見つかり、グッデンの遺体も岸辺から水の中に倒れこんでいる姿で見つかった。あたりは遠浅の泥土《でいど》の浜で、水の中に八つの足跡と泥土がえぐられた跡が残っていた。王には外傷はなく、グッデンの顔には引っ掻《か》き傷や青あざ、首には絞められた跡があった。

王の遺体はミュンヘンに運ばれ、解剖に付された後、盛大な葬儀が行われた。死因については溺死《できし》ではなく急病死であったと発表されただけだったから、さまざまの憶説が乱れ飛ぶ結果になった。

シシ

シシは愛称で、本名はエリーザベト。バイエルンの王族で、ルートヴィヒ二世のまたいとこに当たる。二人は子供の頃ときどき一緒に遊んだことがあり、少年時代のルートヴィヒは、八つ年上のシシにたいへん憧《あこが》れていた。後年ルートヴィヒがシシの末の妹であるゾフィーと婚約したのも、ゾフィーの中にシシの面影を見たのが一因ではなかったかといわれている。

シシは一六歳の時、オーストリア皇帝フランツ・ヨーゼフとお見合いをすることになった姉に随いて行ったのだが、フランツ・ヨーゼフはシシに一目惚《ぼ》れしてしまい、姉の方には目もくれず、早速シシとの婚約を成立させてしまった。シシは気立てが良く、抜群にすばらしいプロポーションを持ち、誰もがハッと驚いて見詰めてしまうほどの美人であった。

シシは自然を熱愛し、野山を歩き回ったり馬に乗ったりするのが大好きで、宮廷儀礼を嫌い抜き、そのために姑《しゅうとめ》のゾフィー大公妃から事ごとにいびられた。そんなわけで同じく宮廷儀礼を嫌い、自然の中に慰めを見出《みいだ》していたルートヴィヒとはウマが合った。極端な人間嫌いになってからのルートヴィヒが、心を開いて語り合うことのできたただ一人の親族、ただ一人の女性がシシであった。

二人はたびたびシュタルンベルク湖のあたりで会い、二人だけで長い時を過ごした。ヴィスコンティ監督の映画『神々の黄昏《たそがれ》』では、二人は男と女として肉体関係を持ったことになっている。同性愛者だったルートヴィヒには、考えがたいことであるが。

自由を奪われたルートヴィヒを救い出そうという計画にシシが一枚加わっていたのではないかという説は、そんなところから生まれた。彼が湖上で謎の死をとげてから一二年後に、彼女はジュネーブのレマン湖畔で無政府主義者に刺し殺された。

謀殺か、事故死か、自殺か

事件の真相について最も確からしいと思われるのは、次のような説だ。王が突然、湖岸から水の中へ駆け入り、コートと上着を脱ぎ捨てる。驚いて追いすがるグッデン。王は振り向いてつかみ合いになる。片や身の丈一九一センチの大男で、四〇歳の若さ。片や中背で六二歳の老教授。力ずくでは勝負にならない。思わず腕に力が入った王はグッデンを絞め殺してしまう。

もともと王は山歩きや乗馬が好きで、水泳も得意であったが、落馬して骨折してからは山歩きや乗馬はできなくなっていた。事件が起こった頃はもう美食にふけるばかりで、運動らしい運動はしていなかった。

昨日来、王はつとめて平静にしていたのだが、思い出の多い湖畔を歩いているうちに怒りがこみ上げて来た。王たる者をまるで囚人のように拘束し監視するとは何事か。湖水を泳ぎ渡って自由を取り戻そう。王に忠誠を尽くそうとする者はまだたくさんいるはずだ。

発作的に王は湖に駆け入り、思わずもグッデンを殺してしまう結果になった。突然の激しい運動、人を殺してしまったという興奮、降りしきる雨、夕暮れの湖の冷たい水。悪条件が重なって心臓発作を起こしたに違いないというわけである。

次のような説もある。王はベルク城へ連れて来られるまでは茫然自失《ぼうぜんじしつ》の態《てい》であったが、一夜明けて気力を取り戻す。そして朝の散歩ではうまくグッデンをだまして安心させておき、夕方の散歩で計画的に逃走を企てたのではないか。そのあとの経過は前説と同じだ。

誰かが秘かに船や馬車を用意して、王の逃走を助けようとしていたのではないかという説もある。誰も城へ訪ねては来なかったのに、城の前の道に馬車がUターンした跡が残っていたのを、城の召使が見ている。もしかするとその馬車に乗っていたのは、オーストリアの皇后で王と親しかったシシではないか。シシはその夜シュタルンベルク湖畔のホテルに泊まっていた。いずれにせよ、予期しなかった王の急死を知って、助《すけ》っ人《と》たちは闇の中に姿を消してしまったのだろう、と。

他殺説もある。王は何者かに銃撃され、あとに証拠が残らないようにグッデンも消された。黒幕が誰だったのかを追及されないように、政府は事実をひた隠しにして病死ということにしたのだという。しかし他殺説は根拠に乏しい。

自殺説もある。王としての尊厳を保つために、王はグッデンを動けないようにしておいてから入水《じゅすい》自殺をはかったのだ、と。新白鳥城で取り押さえられる前に、王は侍従に毒薬の用意を命じたり、投身自殺をはかって城の高い塔に登ろうとしたという事実がある。自殺の場合にも、やはりさまざまな理由から政府の責任は重大だ。キリスト教では自殺は神に対する罪であり、カトリック国の君主が自殺するということは「あってはならない」という事情もある。そこで政府は入水自殺を否定し、急病死と発表したのだ、と。

しかし現場は遠浅で、背が立つ。王のように水泳のできる者は、たとえ入水自殺を意図したとしても、実際問題として死ぬことはできなかったろうという反論が出ている。

一二〇年ほどたった今でもなお、バイエルン国王ルートヴィヒ二世の死は謎を秘めたままだ。なおシュタルンベルク湖はミュンヘンと新白鳥城の間の道路からほんの少し外れた所にある。

森鷗外《おうがい》の「慕情説」

森鷗外はこの時ちょうどミュンヘンに留学していた。後に『うたかたの記』のなかで、王の死を次のように述べている。

日本から絵の修業に来ていた巨勢《こせ》という青年が、ミュンヘンで知り合ったマリイという美少女と一緒にボートに乗っていたところ、岸辺に王が現れる。「あやしき幻の形を見る如《ごと》く、王は恍惚《こうこつ》として少女の姿を見てありしが、忽《たちまち》一声《ひとこえ》『マリイ』と叫び、持ちたる傘投棄《なげす》てて、岸の浅瀬をわたり来ぬ。」マリイは怯《おび》えて立ち上がったはずみにボートから転落し、水中にあった杙《くい》で胸を強打する。

白髪の翁《おきな》が王に追いすがって取っ組み合いになるが、巨勢にはそれを見届けているいとまはない。沈もうとするマリイをボートに引き上げ、彼女の養い親である漁師の家に向かって懸命にボートを漕《こ》ぐ。しかしマリイはついに助からなかった。

巨勢がかねてからマリイに聞いていたところによると、彼女の父は宮廷画家で、母もマリイといい、評判の美人だった。夫婦揃《そろ》って宮廷の園遊会に招かれた夜、突然王がマリイの母を見染め、温室の片隅であわや落花狼藉《らっかろうぜき》という騒ぎになった。すんでのところで父が駆けつけ、事なきをえたが、父は如露《じょうろ》でしたたかに打ち据えられ、職を失い、やがて父も母も病死した。

王はその後も「囈語《うわごと》にマリイといふこと、あまたたびいひたまふを聞きしもありといふ」。

ボートに乗っている美少女に、王はありし日に情欲を燃え立たせたマリイの幻を見て、思わず水中に突進したというのである。

森鷗外は王が同性愛者だったことをよく知っていたはずだが、小説の筋を面白くしようと考えて、このようにしたのであろうか。

『うたかたの記』には、王の死が報ぜられた時のミュンヘン市民の驚きぶりが活写されており、そちらのほうは真実を伝えているようで興味深い。

ミュンヘンとドイツ・アルプス街道

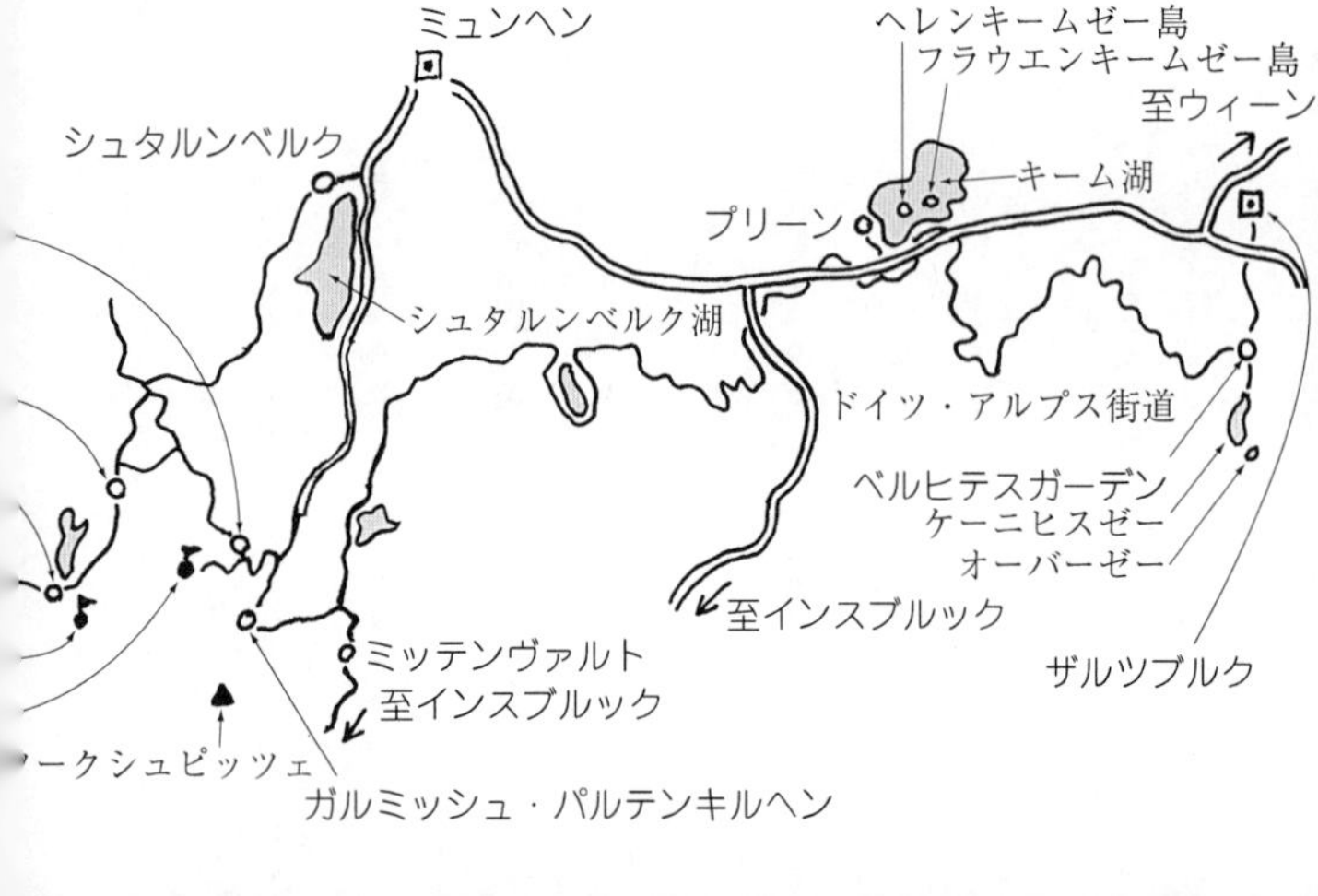
ミュンヘン
ヘレンキームゼー島
フラウエンキームゼー島
至ウィーン
シュタルンベルク
キーム湖
プリーン
シュタルンベルク湖
ドイツ・アルプス街道
ベルヒテスガーデン
ケーニヒスゼー
オーバーゼー
至インスブルック
ミッテンヴァルト
至インスブルック
ザルツブルク
ークシュピッツェ
ガルミッシュ・パルテンキルヘン

II　ミュンヘンとドイツ・アルプス街道

芸術とビールの都ミュンヘンからドイツ・アルプス街道をたどり、美しい山や湖、趣深い町や村を訪ねる。

ミュンヘン

修道院の門前町から

ドイツの大都会のなかで日本人にいちばん人気があるのはミュンヘンMünchenだ。それは活気に溢《あふ》れた賑《にぎ》やかな街であると同時に、長い間バイエルン王国の都であったという伝統を受けて、しっとりした優雅な趣をもたたえているからであろう。すぐれた美術館が多く、音楽活動が盛んなことも大きな魅力だ。

バイエルンの語源は、ゲルマン民族大移動のあとこの地方に定着するに至ったバイヴァリイ族にさかのぼる。七世紀の末頃、彼らは部族国家の体制を保ったままフランク王国の宗主権を認め、その傘下《さんか》に組み込まれた。ゲルマンの諸部族を支配下におさめようとするフランク王国の動きは、片や軍事力の行使、片やキリスト教の布教という二つの政策が車の両輪のようにして推し進められ、「ゲルマン人の使徒」と呼ばれたボニファティウスなどがフランク王国の意を受けて布教に活躍した。

七四〇年、ボニファティウスはフライジングに司教座を設け、バイエルンにおける布教の拠点にしたが、それは同時にフランク王国による地方支配強化の拠点にもなった。フライジングは、ミュンヘンからイーザル川沿いに北へ三〇キロほど行った所にある。ただし、その頃はミュンヘンはまだ影も形もなかった。

ボニファティウスはまた、フライジングをはじめバイエルン各地にいくつもの修道院を創立した。七四六年にドイツ・アルプス街道沿いのテーゲルン湖畔に創立された修道院もその一つで、後にイーザル河畔に分院が設けられるに至った。この分院は、高地ドイツ語で「修道士たちの家」を意味するムニヘンの名で呼ばれるようになり、その門前に生まれた村がミュンヘンの起源と考えられている。

ミュンヘンという語は「小さな修道士」という意味にも通じるので、今でも市の紋章は「ミュンヘンの小坊主《こぼうず》」ミュンヒナー・キンドル Münchner Kindl である。市電、市バスなどにもみな、このかわいい小坊主の紋章が付いている。ミュンヘン子に言わせると、小坊主は左手に聖書、右手にビールのコップを持っているのだそうだ。

キンドル Kindl とは

我々が学校で教わる標準ドイツ語では、「ちっちゃな子供」というのは Kind（キント、

ミュンヘンの小坊主、ミュンヒナー・キンドル

子供）に縮小辞の lein（ライン）が付いて Kindlein（キンドライン）である。ところが南ドイツ、オーストリア、スイスでは縮小辞として lein の代わりに li の二字、または l ただ一字を使うことが多い。それで Kindl（キンドル）で「ちっちゃな子供」という意味になる。

アルプスの少女ハイジがかわいがっていた二頭の山羊《やぎ》は、白い方がシュヴェーンリ Schwänli で「ちっちゃな白鳥ちゃん」、黒い方がベールリ Bärli で「ちっちゃな熊《くま》ちゃん」という意味。縮小辞として li の二字が付いている例だ。旅に関係の深いレストランの名称などにも、同様の例がたいへん多い。

ハインリヒ獅子公が塩の交易拠点に

このあたりには、古来有名な岩塩の産地がいくつもある。オーストリア領ではハルシュタット Hallstatt、ハライン Hallein、ハル・イン・チロル Hall in Tirol、ドイツ領ではライヘンハル Reichenhall、シュヴェービッシュ・ハル Schwäbisch Hall などみなそうだ。このあたりの地名でハル Hall が付けば、それは岩塩の産地だと思ってほぼ間違いない。

ハルシュタットやハラインは特に産出が豊富で、採掘された岩塩はその名も「塩の城市」を意味するザルツブルク Salzburg に集められ、フェーリングにあったイーザル川の橋を渡ってどんどん北の方へ出荷された。言うまでもなく、塩は人間や家畜が生きてゆくためになくてはならぬ物だったが、冷蔵庫も冷凍倉庫もなく、食品の加工・保存技術も未発達だった昔は、肉や魚をはじめとして腐りやすい食品は大量に塩蔵しておく必要があり、塩はいくらあっても足りないほど需要が多かったのである。

この塩の交易路を扼《やく》するイーザル川の橋を押さえていたのがフライジングの司教で、橋の所に倉庫と税関を設け、輸送されてゆく塩に税金をかけて多大の収益を得ていた。その頃は、司教といっても単なるキリスト教の聖職者ではなく、領地を持ち、武力を備え、世俗の領主と同じような権力をふるっていたのだ。

一一四二年からザクセンの大公だったヴェルフェン家のハインリヒ獅子公が、一一五六年にバイエルンの大公をも兼ねるようになると、司教にただ儲《もう》けをさせておく手はないというわけで、塩の交易路と課税をめぐって激しい争いを始めた。その結果、皇帝フリードリヒ・バルバロッサが仲に入って一一五八年に裁定を下し、収益の三分の一を司教に渡すという条件で、ハインリヒ獅子公の独占的な課税権が認められるに至った。

ハインリヒ獅子公は、武力を使って前記のフェーリングにあった橋や倉庫を壊し、新たに自分の支配下にあったミュンヘンに橋や倉庫を造った。ついでにイーザル川にかかっていたほかの橋も取り壊し、塩その他の重要商品がみなミュンヘンを通るようにした。そしてミュンヘンを有力な商業都市に仕立てあげるべく、商人を誘致し、城壁も造った。このように、ハインリヒ獅子公は時代にぬきん出ていた有能な君主で、大いに領地を拡大したばかりではなく、商業の重要性にも早々と目をつけ、ザクセンではリューベック、バイエルンではミュンヘンなどの都市を建設したのである。これら二つの都市は、いずれも後世に大発展をとげることになる。

その獅子公も最初は皇帝フリードリヒ・バルバロッサと協調していたからよかったのだが、後には対立するようになり、結局は追放されてしまう。

一一八〇年、皇帝はヴェルフェン家のハインリヒ獅子公の代わりに、ヴィッテルスバッハ家のオットーをバイエルン大公に封じた。以来、第一次大戦後の一九一八年に王制が廃止されるまで、ヴィッテルスバッハ家がバイエルンに君臨し続けた。

ハインリヒ獅子公

ドイツ語ではハインリヒ・デア・レーヴェ Heinrich der Löwe。勇猛な性格だったのでこういうアダ名を奉《たてまつ》られていた。ヨーロッパでは同名の君主が多く、区別をはっきりさせる必要もあって、それぞれの君主の特徴をとらえ、何らかのアダ名を奉る習慣が広く行われていた。たいていは敬愛の念をこめたアダ名であったが、つるっぱげだったので禿頭王《とくとうおう》、背が低かったので短軀王《たんくおう》、考えることが幼稚だったので単純王、いつもピーピーしていたので文無し公といったような、ありがたくないアダ名を奉られた君主もいて、それぞれ歴史に名をとどめている。

機械仕掛けの人形たちが活躍する音楽鐘

ミュンヘンでは、市観光局が日本語の説明が付いた詳細な市街地図を発行している。中央駅内にある観光案内所あるいはホテルでそれを入手してから、街の散歩を始めることにしよう。

市街地図を見ると、中心部にカボチャを逆さまにしたような形の環状道路に囲まれた区域がある。これが中世以来の旧市街だ。環状道路は、一四世紀の初めに城壁が大拡張されたときの線を表しており、西側にカール門 Karlstor、西南側にゼンドリング門 Sendlinger Tor、東南側にイーザル門 Isartor という三つの城門が保存されていて、旧市街を歩くときのよい目標になる。ことにイーザル門は、独立した一つの城塞《じょうさい》ともいえるほどの立派な造りだ。

旧市街の中心はマリーエン広場 Marienplatz。ウー・バーン U-Bahn（地下鉄）とエス・バーン S-Bahn（高速線）がこの広場の地下に集中しており、市内のどこからでも交通は至便だ。

広場を圧するようにそびえているのが新ラートハウス（市役所）で、古さびて見えるけれども、実は一八六七年から一九〇八年にかけて造られたネオゴシック式の新しい建築である。高い塔の正面にグロッケンシュピール（音楽鐘）が設けられ、毎日一定の時刻（季節によって違う）に、機械仕掛けの等身大の人形たちが出てきて、馬上

新ラートハウス

音楽鐘の仕掛け人形。バイエルンの騎士が勝つところ

槍《やり》試合やダンスを演じる。大変な人気で、その時間になると広場は人でいっぱいになる。一五六八年にバイエルン大公ヴィルヘルム五世とロートリンゲン公女レナーテが結婚式を挙げたときの行事を再現したもので、馬上槍試合で勝つのはバイエルンのシンボルである淡青と白の市松模様を付けた騎士だ。そのあとビール樽《だる》を作る職人たちが踊りだす。

塔上へはエレベーターで登ることができる。地下にはラーツケラー Ratskeller というレストランがあり、いかにもラートハウスのケラー（本来は地下の酒倉という意味）らしい落ち着いた雰囲気のなかで、郷土料理を手頃な値段で賞味することができる。ちなみにドイツではミュンヘン以外でも、ラートハウスの地下によくこの種のレストランがある。

獅子公が築いた城壁の跡をたどり聖母教会へ

マリーエン広場のあたり一帯は歩行者天国で、当市いちばんの商店街だ。広場から西へ向かうカウフィンガー通りと、それに続くノイハウザー通りは特に賑やかで、旧市街の散歩には欠かせないところ。広場から北へ向かうワイン通りは、途中で名が変わってテアティーナー通りになり、高級な専門店が軒を連ねていることで名高い。以上のような大通りからわきへ入り込んで行く横丁やアーケードもたくさんあって、しゃれた店が並んでおり、ショッピングの楽しみは尽きない。

歴史愛好派には、ハインリヒ獅子公が築いた最初の城壁の線を見つける方法をお教えしよう。マリーエン広場から西へカウフィンガー通りを三〇〇メートルほど進むと、有名なバリー靴店の手前、右側にアウグスティーナー通り、その反対側にフェルバーグラーベン Färbergraben という通りがある。グラーベン（堀）という名からも察しがつくように、この通りはハインリヒ獅子公が一一六四年に築いた最初の城壁の堀跡だ。

そこで、もう一度よく市街地図を見てみよう。右記の二つの通りが半円形を描いて、旧市街のそのまた中心部を取り囲む形になっていることがよく分かる。残念ながら東半分ははっきりしないけれども、西半分はこの半円形が最初の城壁と堀の線を表している。

アウグスティーナー通りに入って行くと、フラウエン・キルへ（聖母教会）が堂々たる姿を現す。フラウといえば一般的には婦人のことだが、ここでは聖母マリアという意味。一四六八年から二〇年がかりで造られた後期ゴシック式の壮大な教会である。玉ねぎ形のドームをいただく二つの鐘楼は片や九九メートル、片や一〇〇メートルの高さがあり、その特異な姿はミュンヘンのシンボルのようになっている。玉ねぎ形のドームの部分だけは本体よりずっと遅れて一五二五年に完成し、ルネッサンス時代の好みを反映している。

堂内に入ると非常に明るくて爽《さわ》やかな感じだ。幅四〇メートル、奥行一〇九メートルに及ぶ大建築なのだが、側廊は身廊とほぼ同じ高さがあり、両者を隔てる列柱はあまり存在感を主張することなく、すっきりと高い天井まで立ち上がっている。側廊の窓も高く大きく、堂内を明るい光で満たしている。身廊、側廊から内陣に至るまでが、巨大な、そして見事に統一された建築空間を成している典型的なハレンキルへだ。

この建物は二代目である。初代は一三世紀にできた素朴なロマネスク式の教会で、もっと小規模であった。それでも当時は、アウグスティーナー通りの線にあった城壁の上高くこの教会の鐘楼がそびえ立っていて、西の方から

聖母教会。玉ねぎ形のドームはミュンヘンのシンボル

やって来る旅人たちに、「ああ、あそこがミュンヘンだな」という安堵《あんど》の思いを与えたに違いない。

現在のバリー靴店の手前あたりに城門があって、その外側にはアウクスブルクに向かう街道がのびていた。いまミュンヘンいちばんの賑《にぎ》やかな商店街になっているノイハウザー通りは、この街道をそのまま受け継いでいる。中世都市では、日没とともに城門はピタリと閉ざされるのが決まりであった。日暮れ間近に西の方から街道を急いで来た旅人たちは、初代の聖母教会の塔上から鳴り響いてくる晩鐘の音に、「それ急げ。城門が閉まるぞ！」と、駆けだしたことであろう。

写真に絶好の朝市広場など

マリーエン広場に戻り、こんどは南の方へリンダーマルクト Rindermarkt（牛市場）という由緒《ゆいしょ》ありげな（？）名前の通りを入ると、すぐ左側にペータース・キルヘ（聖ペトロ教会）がある。現在のゴシック式の建物は四代目で、一三六八年に献堂式が行われた。初代は、八世紀頃にムニヘンの修道士たちが造った簡素な礼拝堂であったろうと考えられており、つまりはこのあたりがミュンヘン発祥の地である。

写真を撮るのが好きな人には、ぜひこの聖ペトロ教会の塔上に登ることをおすすめしたい。エレベーターはないが、それほど高い塔ではないから平気だ。塔上からは華麗なネオゴシック式の新ラートハウス、そして玉ねぎ形のドームが二つ並び立つ聖母教会の眺めがすばらしい。

教会の右後ろにまわると、カラフルな露店と人の群がワーッと眼前に現れてくる。ずばりヴィクトゥアーリエン・マルクト Viktualienmarkt 食品市場という名の大きな広場だ。常設と露店を合わせてたくさんの店があって、野菜、果物、さまざまのチーズや腸詰、パン、ケーキ、切花、鉢植えの花などを売っており、市場にやって来る人たちともども写真には絶好の題材揃《ぞろ》いだ。一隅にはマイバウムも立っている。

この広場からちょっと西の方へ行くと、ミュンヘン市博物館 Münchner Stadt-museum がある。元は兵器庫だった大きな建物で、入口は西南側にある。見ものは「モーロ人の踊り手」と呼ばれる一〇体の彩色木像で、旧市役所の飾りであった。一四八〇年グラッサーの作で、ドイツ後期ゴシック木彫の代表例の一つ。そのほか一八、一九世紀の市民生活と建築文化についての展示が興味深く、先史時代、おもちゃ、映画、人形芝居、楽器、ビール醸造などについての展示もある。

博物館からさらにもう少し西寄り、ゼンドリンガー通りに面してアーザム教会 Asamkirche がある。自身が建築家、画家、工芸家でもあったアーザム兄弟が、私財を投じ、何から何まで自分たちの思いどおりのデザインによって完成させたもので、施工主の意向に左右されることがなかったため、宗教建築についてアーザム兄弟が抱いていた理想と美学が、最も純粋な形で表現される結果になった。そんなわけでアーザム教会と呼ばれているが、正式には聖ヨハン・ネポムーク教会という。

一七三三年から一三年間の歳月を費やして、主要部分の彫刻、漆喰細工、壁画などについてはアーザム兄弟が自ら腕をふるって仕上げた。ドイツではロココ式と呼ばれているが、バイエルン独特の後期バロック式という方が真に近い。堂内では曲線や曲面が奔放に駆使され、彫刻、漆喰細工、壁画が渾然一体《こんぜんいったい》となって溶け合い、かくし窓から導かれる光の効果とあいまって、夢幻の境を思わせるような流麗な美しさに満ちている。

マイバウム　Maibaum

マイエンバウム Maienbaum ともいい、「五月の木」という意味。ドイツでは、キリスト教以前からの古い祭りとして、五月一日に春の盛りを祝ってきた。その時に町や村の広場に立てて、その下で楽しく歌ったり踊ったりするのが「五月の木」である。

祭りの前にみなで森へ行き、すくすくとまっすぐに育っている木を一本選んで切り倒す。てっぺんに近いところだけを残して枝を払い、広場まで運んできて立てる。緑葉の付いた枝をまるめて緑の環を作り、てっぺんのまわりに吊《つ》り下げたり、木からたくさんのリボンを垂らし、その端を手にして男女が組になって踊ることもある。今では、木にいくつもの横木を打ち付け、色とりどりの旗や郷土衣装を着た人形の群などを飾りとして取り付けることもよくある。

ドイツでは、四月いっぱいはまだ寒くて曇りや雨の日が多い。それが五月に入る頃から陽光が溢《あふ》れるようになり、草木の緑は勢い盛んに生い茂り、花咲きかおる好季がやってくる。長い冬のあいだ小屋の中にいた家畜は牧草地に放され、さまざまの農作物もぐんぐん生育し始める。そういう喜びをみなで分かち合うのが五月一日の祭りであり、「五月の木」は万物生育のシンボルであった。

ヴィクトゥアーリエン・マルクトに立っているマイバウム

「五月の木」は夏頃まで、ときには一年中、立てておくことが多く、ドイツを旅しているとよく見かける。スカンジナビア諸国やイギリスにも似たような習慣があり、英語では maypole という。日本では五月柱と訳している。

博物館と美術館

ミュンヘンにはすぐれた美術館や博物館が多い。ヴィッテルスバッハ家には芸術や学問を愛好する家風があり、歴代の君主が美術品などの収集に熱心だったのが発端になっている。

なかでも名高いのがアルテ・ピナコテーク Alte Pinakothek（古絵画館）で、一四世紀から一八世紀に至るまでのネーデルランド、ドイツ、イタリア、フランス、スペインの巨匠たちの作品が数多く展示されている。見学コースは二階から始まり、圧巻はデューラー、アルトドルファー、クラーナッハなどの力強い作品が集められているⅡ、Ⅲ号室だ。続いてはペルジーノ、ボッティチェリ、ラファエロ、フィリッポ・リッピ、ティントレット、ティツィアーノ、フラ・アンジェリコ、レオナルド・ダヴィンチなどの作品が私たちを迎えてくれる。ルーベンス、ファン・ダイク、レンブラントなどの作品も多い。一階に降りるとピーター・ブリューゲル、ヤン・ブリューゲル、ハンス・ホルバインなどの興味深い作品がある。

道路を隔てて北側にはノイエ・ピナコテーク Neue Pinakothek（新絵画館）があり、一八、一九世紀の絵画や彫刻がおさめられている。

公共の乗物を利用してこれらの美術館へ行くには、市電27番でピナコテーク下車がいちばん便利だ。

アルテ・ピナコテークのすぐ西南方にあるケーニヒスプラッツ Königsplatz（王様広場）には、三つの美術館が集中している。この広場は、ギリシア神殿風のネオクラシック式の建物に三方を囲まれていて、写真に良い。いずれもルートヴィヒ一世（新白鳥城を造ったルートヴィヒ二世の祖父）が、建築家クレンツェに命じて造らせたもので、一九世紀中頃にあいついで完成した。

正面にあるのはプロピュレーエン（装飾的な門）。アテネのアクロポリス入口にある同名の門に範を取っている。この建物を飾っている彫刻は、一八二〇年代に行われたギリシア人のトルコに対する独立戦争を象徴している。ちなみに、一八三二年に新生ギリシアの国王に就位したオットーは、ルートヴィヒ一世の子である。そしてギリシア国旗の色になったライトブルーと白は、バイエルンの伝統的なシンボルカラーを受け継いでいる。

プロピュレーエンに向かって左側にあるのがアンティーケンザンムルンゲン（古美術品収集館）、右側にあるのがグリュプトテーク（彫刻館）で、古代ギリシア、エトルリア、ローマの彫刻や壺《つぼ》などの工芸品が展示されている。

プロピュレーエンに向かって右後ろには、今は市立美術館になっているレーンバッハハウス Lenbachhaus がある。画家侯爵《こうしゃく》という異名を取ったフランツ・フォン・レーンバッハが一九世紀末に造った大邸宅で、没後に絵画その他の美術品の収集と共に、夫人の手から市に寄贈されたもの。中世から現代に至るまでのミュンヘンの画家たちの作品があるが、なかでも興味深いのは今世紀初めにミュンヘンで活躍した「青い騎士」派の画家たち、カンディンスキーやパウル・クレーなどの作品である。

以上のほかにも当地には美術館や博物館がいろいろとあるが、楽器に興味を持っている人におすすめしたいのが、旧市街の東南方、イーザル川の川中島にあるドイツ博物館 Deutsches Museum だ。産業技術の博物館であるが、その一部に楽器の部門があり、古今東西の楽器が種類別に豊富に展示されていて、館員が実際に古楽器を演奏して音を聞かせてくれる。

キーム湖

フラウエンキームゼー島ではロマネスク式の修道院へ

キーム湖 Chiemsee はミュンヘンの東南方、道路距離にして約九〇キロの地点にあり、ミュンヘンとザルツブルクを結ぶ高速道路はこの湖の南岸を通る。面積八二平方キロで、宍道湖《しんじこ》とほぼ同じ大きさだ。バイエルン最大の湖で、北岸一帯はリゾートになっており、快晴の時は湖を前景にして遠くアルプスの峰々が眺められる。

湖上にはヘレンキームゼー Herrenchiemsee とフラウエンキームゼー Frauen-chiemsee という二つの島があり、西岸のプリーン Prien と北岸のゼーブルック Seebruck を結ぶ定期船が、これらの島に寄って行く。フラウエンはこの場合、聖母マリアという意味。ヘレンは殿方という意味だが、ここでは修道士会の男子会員のこと。

プリーンから行けば遠い方に当たるフラウエンキームゼー島を、まず訪ねることにしよう。七七〇年頃の創立という古い歴史を持つ聖母マリア女子修道院があるため、島はこう呼ばれてきた。湖上はるかに高い塔が見えるのがそれだ。現在の建物は一一世紀にできた重厚なロマネスク式で、聖堂にある一二世紀の壁画が見ものである。ただし聖堂の内装は一七世紀に、当時流行の華やかなバロック式に変えられてしまった。

聖堂と離れて建っている鐘楼、あの湖上はるかに見える高い塔は、城のように頑丈な造りだ。その昔マジャール人がよく襲って来た時、修道女たちは寺宝を持ってこの塔に避難し、上から梯子《はしご》を引き揚げて、掠奪者《りゃくだつしゃ》が島を去って行くまでじっと待ったのであった。

ほかにもいろいろと興味深い文化財が残っている。

ヘレンキームゼー島では王の夢の跡へ

次はヘレンキームゼー島で、ここには前記の女子修道院と対になっている男子修道院があった。一九世紀になって修道院は廃止され、見事な森に覆《おお》われていた島は民間業者の手に渡り、樹木がみな伐採されて丸坊主《まるぼうず》になる運命に立ち至った。そこでルートヴィヒ二世が美しい島の自然を守るために、一八七

ヘレンキームゼー島のノイエス・シュロス

三年に島を買い取り、五年後にそこへヴェルサイユをまねた宮殿と庭園を造り始めたのであった。

船着場から林の中の道を歩いて行くと、古さびた大きな建物がある。アルテス・シュロス（旧城）と呼ばれているが、実は城ではなくて修道院の一部だった所。一七〇〇年頃にできた図書室と大広間が残っている。

さらに行くと、ヴェルサイユをひとまわり小さくしたような感じの庭園と宮殿がある。これがノイエス・シュロス（新城）と呼ばれているもので、ルートヴィヒ二世の夢の跡だ。宮殿の外観は確かにヴェルサイユに似ているが、内部の造りは至る所で代用品を使ってあるのが目立つ。宮殿の工事は一八七八年に始まり、八年後に王の死によって中断されたあと、工事途中で放置しておくわけにはいかない部分だけが、なるべく安あがりの材料を使って仕上げられた。王の生前に完成した寝室と、ヴェルサイユ宮殿の「鏡の間」を模した大広間は豪華である。

ミュンヘンから公共の乗物で行くには、まず鉄道でプリーンまで約一時間。そこからキームゼーバーン Chiemseebahn という支線に乗り換えて、湖岸の船着場近くまで約一〇分である。

ケーニヒスゼー

ドイツ・アルプスの奥深く、太古の氷河谷に横たわる神秘の湖

ドイツで最も美しい湖、それはアルプスの岩峰群にいだかれたケーニヒスゼーKönigsseeである。ケーニヒは王という意味だから、口調の良い日本語にすれば王様湖ということになろう。アルプスの奥深くにありながら交通は便利で、ミュンヘンとザルツブルクを結ぶ高速道路を降りてから約三〇キロ。大型バスでも湖尻《こじり》の村まで行ける。

鉄道だと、ミュンヘンからフライラッシング Freilassing 経由で、ベルヒテスガーデン Berchtesgaden まで約二時間四〇分。そこからバスで湖尻まで約一〇分である。湖尻の村にはレストランや土産物店が並んでいて賑《にぎ》やかな感じだが、その先はまったく深山幽谷の趣に変わる。湖は高い岩峰に囲まれて静まりかえり、湖岸は絶壁になっていて道はない。私たちは船に乗って湖の奥へと進むことになるが、船はこの清冽《せいれつ》な湖をいささかなりとも汚すことがないように、すべて手漕《てこ》ぎまたはバッテリーによる電動式になっている。

太古に巨大な氷河が岩峰の裾《すそ》をえぐっていったあとにできた湖で、神秘的な青さをたたえ、谷の奥深く、どこまでも続いているかのように見える。船頭は途中で船を停め、すばらしい音色でトランペットを吹き鳴らす。その調べは湖岸にそそり立つ岩壁に反響し、澄みきったエコーになって戻ってくる。ケーニヒスゼーの船頭たちはトランペットの名手揃《ぞろ》いだ。

船で行くこと四〇分あまりで、聖バルトロメー礼拝堂 Sankt-Bartholomäに着く。

ケーニヒスゼーと聖バルトロメー礼拝堂

この礼拝堂はかつてはベルヒテスガーデンにあった修道院の分院であった。修道士たちは、このあたりの湖岸にわずかに広がっている扇状地を切り開いて畑や牧草地にし、羊や山羊《やぎ》を飼って暮らしていた。あまり時間がないときは、ここからまた船で湖尻の村に戻る。
時間がある場合は、ここからさらに船で湖の最奥《さいおう》にあるオーバーゼー

Oberseeまで行くことにしよう。シーズンにもよるが、だいたい二〇分おきぐらいに船が出ている。船が桟橋を離れ、ヴァッツマンの岩峰を背景にして礼拝堂の姿が湖面に映じるあたりが、写真にはベストだ。二〇分あまりでオーバーゼーに着く。

オーバーゼーとは「上の湖」という意味。船着場から森の中の道を一〇分ほど歩くと、「上の湖」が現れる。湖はトイフェルスヘルナーTeufelshörner（悪魔の角々《つのづの》）と呼ばれる岩峰群に囲まれ、黒々とした森の影を浮かべて静まりかえっている。

船で湖尻の村に戻ってから、さらに時間があればロープウェーでイェンナーJenner（一八七四メートル）に登るとよい。高地ドイツ語でイェンナーとは一月という意味であり、日本流にいえば一月岳ということになる。登るほどにいかにもアルプスらしい景観が開け、緑の森と牧草地が刻々と相貌《そうぼう》を変えながら足下を過ぎてゆく。かなたの高原にはヒットラーの山荘跡に建てられたというホテルも見える。ロープウェーの終点から山頂までの道をたどると、並び立つ山々の裾にかくれるようにしてケーニヒスゼーが神秘的な姿を現す。夏ならば、途中のいたる所に高山植物が色とりどりの可憐《かれん》な花を咲かせている。

ガルミッシュ・パルテンキルヘン

ドイツ・アルプス街道の中心地

東はケーニヒスゼー、西はボーデンゼーという二つの湖の間を結び、ドイツ・アルプスの北麓《ほくろく》を縫うようにして続いているのがドイッチェ・アルペンシュトラーセ Deutsche Alpenstrasse（ドイツ・アルプス街道）だ。これは戦後に新しく付けられた愛称であって、昔からこういう名の街道があったわけではないけれども、何となく旅情を誘われるような快い響きを持っている。

日数をかけてマイカーで行くのならともかく、普通の旅人にはこの街道の全行程をたどるのは長過ぎるだろう。途中をとばして、次は街道のちょうどま

美しい壁画のある家

んなかあたりにあるガルミッシュ・パルテンキルヘン Garmisch-Parten-kirchen を訪ねることにしよう。ミュンヘンから直行するのであれば、高速95号線で約九〇キロ、鉄道だと一時間二〇分前後である。

駅のあたりを境に、西側がガルミッシュ、東側がパルテンキルヘンだ。元は別々の村であったが、ドイツ・アルプス地方随一のリゾートとして大発展をとげた結果、市街地が広がってくっついてしまった。それでも元は村だった地域には昔からの家々がたくさん残っていて、散歩するのに楽しく、写真にも良い。外壁に美しい壁画が描かれていたり、ドゥルヒラウフェンダー・

棟の端に神社の千木を思わせるような魔除けが付いている

バルコーンが付いていたり、日本の神社の千木《ちぎ》を思わせるような魔除《まよ》けが棟の端に付いている家もある。

ガルミッシュではアルテ・キルヘ Alte Kirche（古い教会）という愛称で親しまれている村の教会のあたりに、昔の面影がいちばんよく残っていて、アルプス風の民家が軒を連ねている。この教会には、一三世紀から一五世紀にかけてのゴシック時代に描かれた趣深い壁画がたくさんある。

パルテンキルヘンでは、サンクト・セバスティアーン教会 St. Sebastian のあたりがかつての村の中心部である。近くには郷土博物館 Heimat Museum もある。家並みを抜けて町の東北側の山手に出ると、一八世紀にできたバロック式の巡礼教会サンクト・アントーン St. Anton があり、あたりは大樹の生い茂る山腹を利用した公園になっている。

ここから北の方、ファルハント Farchant まで約六キロにわたって続いているのが、その名もゆかしいフィロゾーフェンヴェーク Philosophenweg（哲学者の道）だ。山の斜面に沿ってあまり上り下りがないように設けられており、眺めがすばらしい。振り向けば鋭峰アルプシュピッツェや斧《おの》のような形をしたヴァクセンシュタインがそびえており、行くほどにこれらの山々の背後からドイツの最高峰ツークシュピッツェ

(二九六二メートル)が堂々たる姿を現し始める。

パルテンキルヘンの山手からはヴァンク山(一七八〇メートル)に登るロープウェー Wankbahn も出ており、片道二〇分。頂上からは右記の山々を含めたヴェッターシュタイン連峰を、パノラマのように眺め渡すことができる。

ドゥルヒラウフェンダー・バルコーン Durchlaufender Balkon

「端から端までズイーッと走っているバルコニー」という意味。ドイツ、オーストリア、スイスからイタリア、フランスの一部に至るまで、アルプス地方の伝統的な民家にはよくこういう形式のバルコニーが付いている。窓辺のバルコニーあるいはベランダといえば、他の地方では窓ごとに区切られた形になっているのが普通であるのに対し、アルプス地方ではいくつもの窓を横に結んで、端から端まで連続した形になっていることが多いのが特色だ。

ドゥルヒラウフェンダー・バルコーン、直訳すれば貫走バルコニーは、すべて木造で、手すりには簡単な彫刻が施されていることもある。夏にはどの家のバルコニーも花いっぱいで、それが森や牧草地の緑と見事なコントラストをなして、思わず溜息《ためいき》が出るほど美しい。ほかの地方から来て、花いっぱいの貫走バルコニーを備えた民家がチラホラと見え始めると、「ああ、アルプス地方に着いたな」という感慨が湧《わ》いてくる。

外から見ているだけでは分からないが、実際にこういうバルコニーに立ってみると、意外に奥行が深いことが分かる。デッキチェアぐらいは楽に置けるほどの奥行がある。アルプス地方の民家は、屋根が妻側でも平側でも軒端《のきば》から大きく外に張り出しており、貫走バルコニーはその下に入っている。というわけで貫走バルコニーは、天気のいい日はもとより、雨や雪の日でも安心して使える快適な生活空間の一部をなしている。

アルプス地方を旅するときには、こういうバルコニー付きのペンションに泊まると、すばらしい思い出の種になる。さきほど「窓を横に結んで」と書いたけれども、実は窓だけではなくて、部屋から直接出入りできる扉もバルコニーに付いている。バルコニーに出て、おいしい空気を胸いっぱいに吸いこみ、アルプスの峰や森や牧草地や、遠く近くに散らばっている美しい民家などを眺め渡すと、思わずヤッホーと叫びたくなる。

なお、ひとくちにアルプス地

ドゥルヒラウフェンダー・バルコーン

方といってもいささか広く、例えばスイスのベルン州やエンガディーンの谷などでは、伝統的な民家の建築様式は、以上とはまったく違うことをお断りしておきたい。

語頭のSの発音

私たちが学校で教わる標準ドイツ語では、語頭のSに母音が続くときは濁音（ザ行）で発音することになっている。ところが南ドイツ、オーストリア、スイスで使われている高地ドイツ語では、これを清音（サ行）で発音する。例えばモーツァルトの生地として名高いSalzburgを、土地の人はサルツブルクと発音する。日本人旅行者がザルツブルクというと、けげんな顔をされたり、ときにはまったく通じないこともある。

パルテンキルヘンの教会Sankt Sebastianなども同じで、ザンクト・ゼバスティアーンといっても通じにくい。サンクト・セバスティアーンといえばたちどころに通じる。

ドイツの最高峰ツークシュピッツェへ

ガルミッシュ・パルテンキルヘンは冬はスキー、夏は山歩きの名所だが、短期の旅行者がまず目指すのはツークシュピッツェである。幹線鉄道の駅と地下道でつながっているツークシュピッツェ鉄道駅Zugspitzbahnhofから、山頂近くまで行く登山電車が出ている。途中のアイプゼーEibseeまでこの登山電車またはバスで行って、そこから山頂まではロープウェーに乗ってもよい。登山電車は、ルートの後半が完全にトンネルになっているので、眺望という点ではロープウェーの方がまさっている。往復で別のルートを取るのがいちばんかも知れない。

電車の終点は、シュネーフェルナーハウスSchneefernerhausというホテル・レストラン（二六四五メートル）。その名のとおり眼下に大雪原が広がっており、冬から春にかけてはスキーヤーの天国だ。ロープウェーで大雪原に降りることもできる。片や別のロープウェーが山頂まで達している。山頂からの眺めは雄大そのものだ。

山頂はオーストリアとの国境になっている。オーストリア領に入り、ロープウェーを乗り継いでチロルのオーバーモースObermoosに降りることもできる。そこからさらにバスでエーアヴァルトEhrwaldに降りると、ガルミッシュ・パルテンキルヘン行きのバスや鉄道に接続できる。オーストリア側に降りる計画のときは、乗物の待ち時間を考慮して、朝なるべく早く出発することが大切だ。

民家の壁画

教会や市役所などの公共建造物ばかりではなく、民家の外壁にもさまざまの壁画を描くのはアルプス地方のお家芸であり、南ドイツ、オーストリア、スイスからイタリア、フランスの一部にかけても見られる。その歴史は割に新しく、一八世紀に始まった。そして今でも、新築の家に壁画を描くことがよく行われている。

壁画は、技法によってフレスコとセッコに大別されるが、アルプス地方の民家の壁画は、古いものはともかく、新しいものはほとんどがセッコであって、フレスコではない。

フレスコとは、イタリア語で「新鮮な」という意味。下地を整えておいた壁の上に新しく漆喰を塗り、それが乾かないうちに鉱物性の絵具ですばやく絵を描いたもの。絵具はまだ水分をたっぷり含んでいる漆喰の中に浸透し、表面に石灰の薄い被膜ができて固定される。フレスコは非常に気品があり、また色があせないという大きな長所を備えている。しかし、フレスコを描くには高度の技能を要し、またいったん描きあげたら修正は不可能で、漆喰をそぎ落として元の一からやり直すほかない。外壁のように雨にさらされる所では、漆喰ごと剝落《はくらく》する恐れもある。

セッコとは、イタリア語で「乾いた」という意味。板絵などと同じで、完全に乾いている壁の上に、水に溶けない絵具を塗りつけてゆく。フレスコと違って一気に仕上げる必要はなく、全体の構図を決めてから細部を描きこんでゆくことができ、上塗り修正も自由だ。壁の材質は問わないから、完全に耐水性にすることもでき、外壁の壁画には向いている。旅行案内書に、アルプス地方の民家の壁画がすべてフレスコであるかのように書いてあるのは間違いである。

ミッテンヴァルト

アルプスにいだかれたバイオリン作りの町

ガルミッシュ・パルテンキルヘンから東南方へ約二〇キロ、インスブルック行きの鉄道に乗れば約二〇分のところにあるミッテンヴァルトMittenwaldは、ローマ時代以来の旧街道に臨む宿場町、市場町だ。今ではバイオリン作りの町として知られている。ミッテンヴァルトとは、「森のまんなか」という意味。その名にそむかず、まわりを深い森に囲まれている。そして町のすぐ東側には、カーヴェンデルの岩峰（二三八五メートル）がほとんど垂直に近い絶壁をなしてそそり立っており、リゾートとしても人気が高い。

新道は完全にミッテンヴァルトの町をバイパスしているので、こんなところにすばらしい町があるとは露知らないで通り過ぎてしまう日本人旅行者が多いようだ。

市場町としてのミッテンヴァルトの黄金時代は、一四八七年から一六七九年までである。当時ヴェネツィア共和国は、東地中海方面との貿易をほとんど独占し、絹そのほかの高級織物、工芸品、宝石、香辛料などを東方から輸入し、ドイツ方面に売りさばいて巨利を得ていた。ヴェネツィアの商人は、ブレンナー峠の南にあるボーツェン（ボルツァーノ）まで商品を運びこみ、そこでドイツの商人と盛大に取引していたのであるが、市場の運営をめぐってボーツェン市民との間にイザコザが起こったため、一四八七年に取引の場をミッテンヴァルトに移したのである。

俄然《がぜん》ミッテンヴァルトは国際的に重要な商業都市になり、たいへんな繁栄時代を迎える。今なお旧市街にたくさん残っている大きな商人の家は、ほとんどがこの時代に造られたものだ。しかし繁栄は、二〇〇年間ほどしか続かなかった。武力でトレンティーノ地方を征服したヴェネツィア共和国は、一六七九年に取引の場をまたボーツェンに戻してしまった。ミッテンヴァルトは火が消えたようにさびれ果て、人々は生活の資を得るのに困るようになる。

ちょうどそんなとき一六八四年に、バイオリンの名器を産することで名高いイタリアのクレモナに修業に行っていたマティアス・クロッツが、故郷の町に帰って来てバイオリン作りを始めた。彼は本場の技術をしっかり身につけていたばかりではなく、後進の指導にも熱心だったから、絃楽器作りは地場産業として着実に発展するに至った。今でもミッテンヴァルトでは、多くのすぐれたバイオリン、チェロ、ツィター、ギターなどが生み出されている。

ゲーテが「生きている絵本のような町だ」と感嘆

ミッテンヴァルトに降り立つと、カーヴェンデルの岩峰がまず真っ先に目にとびこんでくる。岩壁に氷雪がはりついて、陽にキラキラと輝いているときなどはことに美しい。

駅を背にして少し歩くと、オーバーマルクトObermarkt（上の市場）という通りに出る。これはローマ時代以来の旧街道をそのまま受け継いでいる通りで、ヴェネツィアとドイツの商人たちの取引もこの道路上で行われたという。ヴェネツィアからもたらされる商品は、軽薄短小で高価な物が中心だったから、あまり大きなスペースは必要としなかったらしい。

オーバーマルクトに沿って、外壁に見事な壁画が描かれたり、木彫で飾られたりしている家々が並んでいる。大きなアーチ形の入口を備えている家も多い。その昔は、ヴェネツィアやドイツの商人たちに委託されて商品の輸送や保管にあたるのが地元の人たちの重要な収入源になっていて、荷を満載したままの馬車をこういう入口から中庭に出し入れしたのである。

オーバーマルクトの北端に教会があり、その塔にも大きく壁画が描かれている。塔の下には、当地をバイオリン作りの町にした功労者クロッツの記念像がある。教会の手前から左に折れて、イム・グリース Im Gries と呼ばれる地域に入ってゆくと、家々はぐっと小粒で簡素になるけれども、たいていの家に愛らしい壁画が描かれていていてたいへん楽しい思いがする。曲りくねった狭い路地を入って行ってもやはりそうだ。

ゲーテはイタリアへの旅の途中この町で一泊し、生きている絵本のような町だといって感嘆した。壁画のテーマはさまざまだが、キリスト、聖母マリアそのほかの聖人たち、アルプスの峰や花や動物、街道を行く郵便馬車、バイオリン作り、そしてバイオリンに合わせて楽しそうに歌ったり、踊ったりしている人たちの姿に、土地柄がよく表れている。

イム・グリース地域の民家には愛らしい壁画が多い

さきほどの教会の所から左に折れないでまっすぐ歩いて行くと、すぐ左側にバイオリン製作博物館 Geigenbau Museum がある。実物そっくりのバイオリンの看板が出ているのですぐに分かる。バイオリン作りの工程を詳しく解説してくれるので、たいへん興味深い。

以上とは反対側の川向こうからロープウェー Karwendelbahn に乗って、一気にカーヴェンデルの頂上近くまで登ることもできる。最後は絶壁に沿って垂直に吊《つ》り上げられるという感じだ。そのあと岩のトンネルをくぐり二二四四メートルの地点まで、夏ならば特に山歩きの支度がなくても歩いて登れる。

リンダーホーフとオーバーアマガウ

アルプスの山と森を背にした優雅な城館

ドイツ・アルプス街道はガルミッシュ・パルテンキルヘンから方向を北に転じ、エッタール Ettal の巨大な修道院の建物を右に見て、リンダーグリースの谷に入る。エッタールの修道院は一三三〇年に創立されたが、現在の建物はほとんどが一八世紀に再建されたもので、時代の好みを反映した華美なバロック式である。私たちはこの修道院は車窓から眺めるだけにして、リンダーホーフ Linderhof へ急ぐことにしよう。ガルミッシュ・パルテンキルヘンから二七キロ。逆に新白鳥城の方から来るのであれば五〇キロである。

リンダーホーフは、新白鳥城と同じくルートヴィヒ二世が造った城館だ。工事は一八七四年に始まり、四年後に完成した。ルートヴィヒ二世が造ろうとした三つの城のなかでは、このリンダーホーフの城館だけが生前に完成を見た唯一《ゆいいつ》の例であり、また実際にもしばしば滞在した所である。世にリンダーホーフ城と呼ばれてはいるが、新白鳥城と違って中世風の城塞《じょうさい》を模したものではない。美しい庭の中にある優雅な城館だ。

庭はアルプスの山々と森を借景にとりいれ、自然の地形や植生をそのまま生かしたイギリス式の部分と、テラスや水苑《すいえん》を配したフランス式の部分とがある。三二メートルもの高さに水を噴き上げる、海神ネプチューンの泉が見事だ。

建物はルネッサンス式にバロック式を加味した様式を持ち、ルートヴィヒ二世が造った城のなかでは最もよくまとまっている。外観は割に落ち着いた感じだが、内部は絢爛《けんらん》たる造りだ。王が日常生活に使っていた部屋などは装飾過多で、ちょっと息苦しいような思いがする。あまり時間がないときなど、この城は庭から眺めて写真を撮るだけにしておくのが華かも知れない。庭だけなら入場料は要らない。

この城館は、ルイ王朝に心酔していた王が、ヴェルサイユの庭園の中にあるトリアノン宮殿に範を取って造らせたもの。ちなみに、ドイツ語のルートヴィヒは、フランス語のルイに当たる。つまりは、ルイ一四世もルートヴィヒ二世も同じ名なのだ。館内にはルイ一四世、一五世、ポンパドゥール夫人、マリー・アントワネットなどの像があり、王はいつもこれらルイ王朝時代の人物が生きて目の前にいるかのように挨拶《あいさつ》をしたり、食事に招いたつもりになって語りかけたりした。

ルイ王朝のお客様は、来て欲しいと思う時にいつでも来てくれるし、帰って欲しいと思う時にいつでも帰ってくれるから、生身のお客様よりいいというのが王の口ぐせであったと伝えられている。そんな噂《うわさ》が王を精神病と決めつける一因になった。ルイ王朝のお客様と食卓をはさんで会話を楽しんでいる最中に、生身の人間にうろちょろされては気分が壊れる。完全に一人で食事できるように、王は食堂とその直下にある大膳室《だいぜんしつ》の間で、テーブルをせり上げ、せり下げできる装置を造らせた。王が「かわいいテーブルちゃん、料理をお出し」と言うと、床のハッチがするすると開き、料理をのせた金色のテーブルが下からせり上がって来るのであった。これまた「王の夢」の世界である。

見事なメルヘンの壁画で名高いオーバーアマガウ

リンダーホーフのあと、ドイツ・アルプス街道は同じ道を少し後戻りしてから、オーバーアマガウ Oberammergau を通って新白鳥城の方へ向かうことになっている。ドイツ・アルプス街道というのは観光促進を目的として、既存の道路をいくつもつなぎ合わせて命名されたものであり、ときには同じ道を逆戻りする形になっているのだ。

オーバーアマガウは人口五〇〇〇人ほどの小さな町だが、次の三つのことで非常に名高い。

その一は、とびきり楽しくて物語性の豊かな壁画が、街道沿いの家々に描かれていること。赤ずきんちゃん、ヘンゼルとグレーテルなどの壁画もあり、一つの家の壁にいくつもの情景が誇らしげに描かれている。ゲーテに見せたらきっと、こっちの方がもっと絵本の町らしいと言うだろう。

その二は、木彫が盛んなこと。全住民のうちほぼ一〇人に一人が、本職の木彫師である。木彫の注文は、ドイツ全土はもとより諸外国からも寄せられる。町のなかにも木彫の店がたくさんある。

その三は、町を挙げてキリスト受難劇を行うこと。一六三四年、全ドイツが惨

「ヘンゼルとグレーテル」の壁画のある家

禍のどん底に追いこまれた三十年戦争の最中に、ペストが大流行して町のすぐ近くまで迫ってきたが、そのまま止《や》んでしまったことを神に感謝して、町の人たちが総出でキリスト受難劇を行ったのが起源である。出演者は町の住民（この町で生まれたか、または二〇年以上住んでいる者）に限られ、役割については公開の審査で決められる。

受難劇が行われるのは二〇一〇年、その次は二〇二〇年というふうに一〇年ごと。受難劇の年には一〇二回の公演があり、一回の公演は、二時間の昼休みをはさんで五時間半続く。出演者と裏方を含めて延べ一四〇〇人の住民が参加し、世界各地から多数の観客がやって来て、町は受難劇一色に包まれる。もとは野外で行っていたが、一九三〇年に専用の受難劇場ができた。受難劇の年が近付くと、出演者として選ばれたい一心から、髪をのばし、ヒゲをのばし、イエス・キリストや十二使徒ばりの風貌《ふうぼう》をよそおう男たちが、町のあちらこちらで見られるようになる。

町の中心にあって、その昔は郵便馬車が停まったポスト・ホテルの向かい側の家に、受難劇の大きな壁画がある。

リンダウとメーアスブルク

湖上の島にある中世都市リンダウ

ドイツ・アルプス街道は、新白鳥城のあたりでしばらくロマンチック街道と重なり合ったあと、西へ向かってボーデン湖上の島にある中世都市リンダウ Lindau に達している。

ボーデン湖は、ライン川が途中で大きくふくれたような形になってできている湖で、ドイツ、オーストリア、スイスの国境をなす。面積は五三九平方キロで、琵琶湖《びわこ》の約八割ほどの大きさであるが、深い所は水深が二五〇メートル以上もあって、天然の巨大な貯水池の役割をつとめており、年間を通じてライン川の流量を調節するとともに、西南ドイツの広い範囲にわたって上水道の水源になっている。そのため、工場排水や生活排水による汚染の防止が徹底していることで模範とされている。現代になって鉄道やトラックに取って代わられるまで、ボーデン湖の船はローマ時代の昔から重要な輸送手段であった。湖の東端近くに位置し、本土からわずかに離れているリンダウの島は、水運の拠点として好適であり、また防衛するにも便利であるため、ローマ時代から港が築かれ城壁で守られていた。リンダウは中世に入ってからも水運と商業で発展を続け、一二七五年には帝国自由都市の地位を認められて、小さいながらも独立国のようになる。しかし一八〇二年に、ナポレオンがドイツの諸小国を統廃合する大ナタをふるったとき、バイエルンに合併された。

今では本土との間に橋がかかっていて、鉄道でもバスでもこの島に渡ることができる。小さな島という特殊事情から、島にあるのは旧市街だけで、新市街は本土側に広がっている。旧市街の中心は東西にのびているマクシミリアン通りで、その昔の同業

美しい壁画のあるリンダウの旧ラートハウス

組合や豪商の館《やかた》が軒を並べており、今ではみな商店やレストランになって賑《にぎ》わっている。この通りのなかほどから南へ、港の方にのびている細長い広場に、ひときわ豪華な造りの旧ラートハウスがある。外壁にさまざまの色美しい絵や日時計などが描かれていて、写真に絶好だ。

港のほとりは花いっぱいで、カフェ・レストランが並び、港を守る城壁の望楼と燈《とう》台《だい》とを兼ねていたマング塔がそびえている。港の東側に突出している小公園はレーマーシャンツェ（ローマ人の堡塁《ほうるい》）と呼ばれ、ローマ時代からここに城壁があったことを物語っている。レーマーシャンツェからは青い湖上をゆく白い船やヨットの群、そして白雪をいただくスイスの山々が眺められる。

旧市街の中心部はすべて歩行者天国になっており、心安らかに散策を楽しむことができる。古風な街の面影がいちばんよく残っているのは、旧市街の東南側にあるフィッシャーガッセ Fischergasse（漁師小路）と、そのまた湖寄りにある狭いヒンテレ・フィッシャーガッセ Hintere Fischergasse（漁師裏小路）だ。漁師小路を突っきって左に回りこんだ所がマルクト広場で、二つの教会と市立博物館にはさまれている。

美術に関心の深い人には、旧市街の西北部にある元ペータースキルヒェ（聖ペトロ教会）・現戦没者記念堂 Ehemalige Peterskirche をおすすめしたい。ハンス・ホルバイン筆のキリスト受難図連作をはじめとして、一三～一六世紀の壁画が見られる。
　以上すべてごく狭い区域内にあり、短時間のうちに歩いて回ることができる。

花いっぱいの木骨組の家々が並ぶメーアスブルク

リンダウから西北方へ湖に沿って四〇キロほど行くと、古城で名高いメーアスブルクMeersburgがある。城は新旧二つあり、アルテス・シュロスAltes Schloss（旧城）は湖岸段丘の突端を占め、まわりを断崖《だんがい》に囲まれた天然の要害だ。旧城の起源は七世紀にまで遡《さかのぼ》り、ずっと使われ続けてきた城としてはドイツ最古の歴史を持っている。現存している建造物は、その後一六世紀に至るまでにたびたび増改築されたものであるが、武備堅固な中世城塞のありさまをよく残していて、非常に興味深い。今では博物館になっている。

メーアスブルクのオーバートア

旧城と谷を隔ててノイエス・シュロス Neues Schloss（新城）があり、こちらはこのあたり一帯の領主だったコンスタンツの司教が、一八世紀に造ったバロック式の優雅な城館である。新城の前庭にあるテラスから湖が一望のもとだ。

町は城より山手のオーバーシュタット（上町）と、湖畔のウンターシュタット（下町）に分かれており、上町の方が古くて、その昔は城壁で囲まれていた。上町の山側の城門オーバートア Obertor が、民家の間にはさまれながらもほぼ完全な姿で残っている。リンダウ方面から来た場合は、この城門のあたりでバスから降り、歩いて上町と旧城を訪ねるとよい。貸切バスならば、その間にバスを船着場（コンスタンツ行きのフェリー発着場）近くの駐車場に回送しておく。

上町は直径二〇〇メートルあまりの小さな町であるが、時代を経た見事な木骨組の家々が集まっており、夏ならばどの家の窓も花いっぱいで、どちらを向いても絵になるような光景である。旧城のあたりは石畳の坂道と石段が交錯し、いかにも城下町という風情《ふぜい》に富んでいる。坂道を降りて湖岸に出ると、ボーデン湖の魚を食べさせるレストランや、前記フェリーの発着場が目に入る。

フランクフルトからライン河谷へ

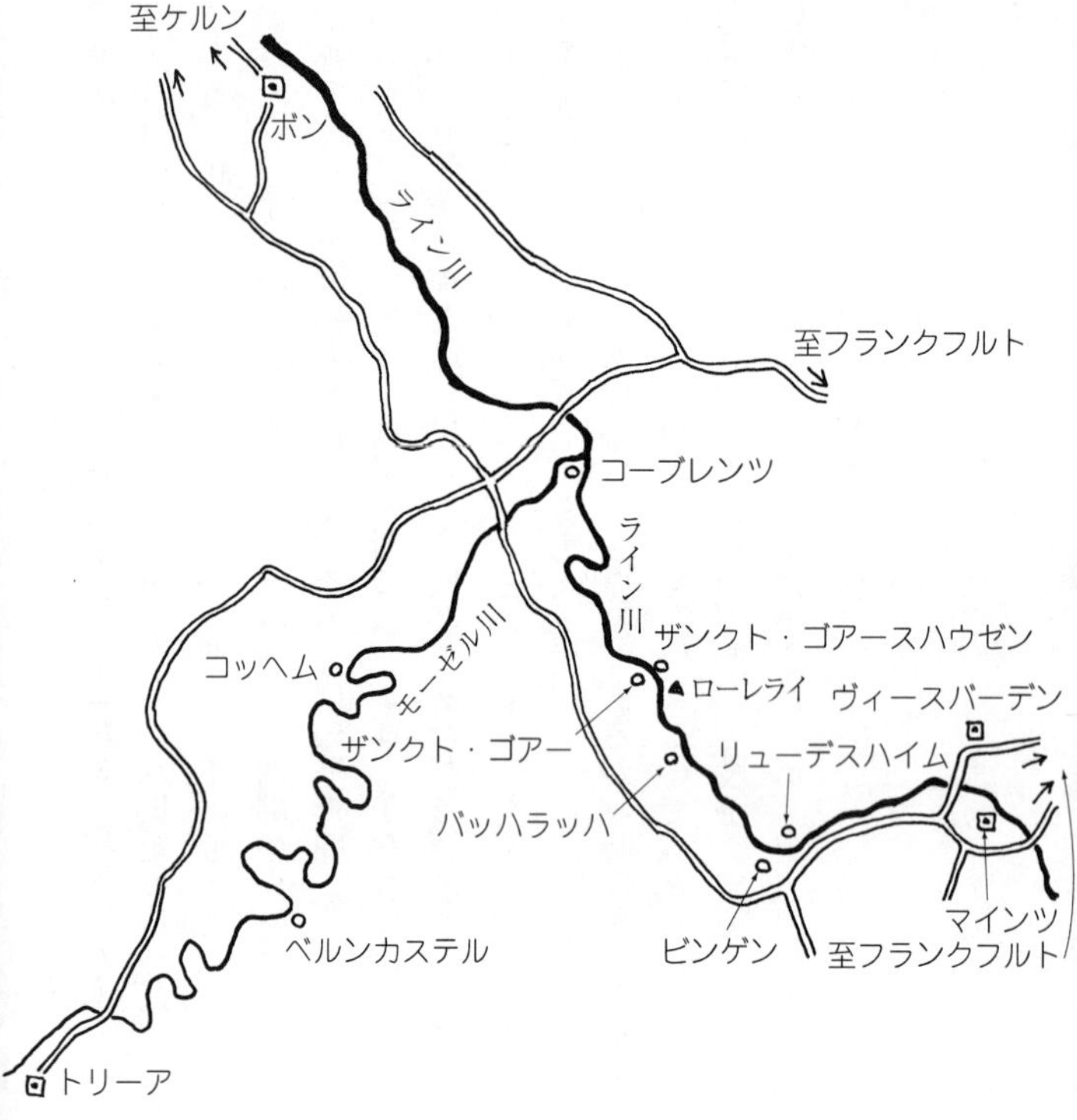

III フランクフルトからライン河谷へ

商都フランクフルトをあとに、ローマ時代以来の長い歴史に彩《いろど》られた町々や古城、そしてワインの里が続くライン河谷とモーゼル河谷へ。

フランクフルト

東フランク王国の本拠地に

フランクフルト Frankfurt はドイツ有数の古い歴史を誇る都市であるとともに、現在ではドイツ経済の中枢《ちゅうすう》であり、空の表玄関でもある。日本とドイツを結ぶ空の便の多くはフランクフルトを発着点にしており、ドイツの旅を当地から始める人も多い。

一世紀にローマ軍がこのあたりに軍営を設け、さらにローマの商人などがマイン河畔に集まって来て町を造って以来、マイン川はずっとこの町をはぐくみ続けてきた。マイン川はライン川の一支流とは思えないほどの豊かな水量をたたえ、洋々と流れている。

ローマ帝国が滅亡して町がいったん荒廃に帰したあと、またゲルマン人のフランク族が住みついて城を築いたのも、彼らの強敵だったザクセン族、バイエルン族、シュヴァーベン族、アレマン族に対しマイン河谷を通じて睨《にら》みを利《き》かせるには、ここが枢要の地だったからだ。

後に大帝と呼ばれることになるフランク王カールが七九三年に当地の城に滞在し、翌年諸侯の会議を開いたことを、祐筆《ゆうひつ》のアインハルトが書き残している。カール大帝の都はアーヘン Aachen であったが、孫の代にフランク王国が分裂した後、八七六年にここフランクフルトが東フランク王国の都になった。

フランクフルトとは、「フランク族の渡河点」という意味である。既に六世紀の初め頃には、この名が生まれていたのではないかといわれている。ドイツ語のフルト Furt は英語の ford と意味も語源も同じで、日本では渡河点とか渡渉点と訳されている。

ローマ人と違って、中世初期までのゲルマン人はまだ川に橋をかける技術を充分に習得していなかったから、橋はごく限られた所にしかなかった。それで浅瀬や川中島があるとか、流れが特に緩やかになっているとかいう地点を選んで、人も家畜も川を渡った。それがフルトである。

マイン川の本支流沿いには、フランクフルトのほかにもオクセンフルト（雄牛の渡河点）、シュヴァインフルト（豚の渡河点）、カッツェンフルト（猫の渡河点）などという地名が残っている。カッツェンフルトは、水が大嫌いな猫でも渡れるほどの浅瀬だったのだろうか、それともこの渡河点を支配していた豪族の名前か何かから来ているのだろうか。

さきほど東フランク王国の都といったけれども、これには注釈が要る。橋の件もそうだが、交通、通信、貨幣経済などのすべてにわたって元の素朴な状態に逆戻りしてしまったから、ローマ帝国と違って、フランク王国では中央集権的な統治を行うことは不可能だった。国王は家臣たちを連れ、必要に応じて国内各地を移動し、政治や軍事を処理するのが常だったから、フランクフルトは都というよりも本拠地だったという方が実情に近いだろう。そして城といい王宮といっても、まだまだ簡素なものだったに違いない。

九一一年にはカール大帝の血統を受けた王家が断絶し、国王は諸侯のあいだから選挙で選ばれるようになる。史家はこれをもって東フランク王国が終わり、ドイツ王国が始まったとしている。それにともない、一定の王国の都というべきものはなくなってしまった。国王に選出された諸侯が本拠を置いた所が、いうなればそのときどきの王都であった。

川にも男女の別がある

ドイツにはフランクフルトという名を持つ大きな都市が二つある。一つはマイン川に臨むフランクフルトで、正式にはフランクフルト・アム・マイン Frankfurt am Main と呼ばれる。もう一つはポーランドとの国境を流れるオーデル川に臨むフランクフルトで、正式にはフランクフルト・アン・デア・オーデル Frankfurt an der Oder と呼ばれる。両者で言い方が少し違うのは、マイン川は男性であるのに対し、オーデル川は女性だからである。

　ちなみに、ドイツの川にはすべて男性と女性の別がある。有名なところでは、例えばライン川は男性でありドナウ川は女性だ。「父なるライン」「母なるドナウ」といったような表現もそこから生まれる。彫刻などで川を擬人化する場合でも、例えばライン川は必ず男性の像で、ドナウ川は必ず女性の像で表される。

地の利を活《い》かし遠隔地商業で栄える

東フランク王国の初期には、まだごくささやかな城下町だったと思われるフランクフルトは、やがてマイン川とライン川の水運をフルに利用できるという好条件に支えられて、商業や手工業が盛んになり、中世都市フランクフルトに発展した。その間に東フランク王国はドイツ王国になり、さらに九六二年からは神聖ローマ帝国と呼ばれるようになる。

一二世紀に入ると、シュタウフェン家の皇帝コンラート三世がフランクフルトに居城を構え、その後はたびたび諸侯の会議や皇帝選挙が当地で行われるようになった。そして一三五六年に皇帝カール四世が金印勅書で定めてからは、皇帝選挙は必ずフランクフルトで行われることに決まった。金印勅書の写しは今でもフランクフルトで保管されていて、市の宝物になっている。

皇帝の戴冠式《たいかんしき》は、カール大帝の都だったという由緒《ゆいしょ》によりアーヘンで行われていたのだが、それも一五六二年のハプスブルク家の皇帝マクシミリアン二世の時から、フランクフルトで行うのが慣例になった。

一方フランクフルト市民は、遠隔地商業を発展させてめきめきと実力をつけ、城代や国王役人の支配を脱して、有力な商人の代表から成る市参事会が実権を握り、一三七二年にはカール四世から帝国自由都市の地位を認められた。ロマンチック街道のところでも説明したように、帝国自由都市というのは名目的には皇帝直属であるが、実質的には諸侯と肩を並べる独立国のようなもの。その地位は、一八六六年にプロイセン王国に合併されるまで続いた。

フランクフルトといえば国際見本市でも名高いが、その起源は遠く中世にさかのぼり、記録に初出するのは一二四〇年である。年に二回、復活祭の前と九月初めに開かれ、全ヨーロッパから商人が集まってきた。金融業でも一三世紀頃から頭角を現し始め、現在ではロンドンやチューリヒと並んでヨーロッパの金融業の一大中心地になっていることは周知のとおりだ。世界的な金融財閥として知られるロートシルト（英語ではロスチャイルド）家は、一八世紀末にフランクフルトで大を成した。イギリスのロスチャイルド家、フランスのロトシルド家はその分家である。

内陸水路

船が航行できる川、湖、運河を総称して内陸水路という。ドイツでは昔から、内陸水路による輸送が大きな役割をつとめてきた。

日本でも、江戸時代からいくつかの川が水運に利用されるようになったけれども、規模において到底ドイツの比ではない。日本と違って、ドイツの川は一般に流れがゆるやかであり、しかも年間を通じて流量が割に安定しているため、水運にはもってこいなのである。ドナウ川、ライン川、マイン川、モーゼル川、エムス川、ヴェーゼル川、エルベ川、ハーフェル川、シュプレー川、オーデル川など、現在に至るまで重要な内陸水路になっている川はたいへん多い。

川のところどころにダムを設け、水位を上げて急流や浅瀬をなくし、船は水門で上げ下げることによって、より大きな船が航行できるようにする技術が発達した結果、内陸水路の輸送力は飛躍的に増大した。例えば、ハイデルベルクから古城街道をネッカー川沿いに行くと、山間を流れている狭い川という感じなのに意外に大きな貨物船が航行していて、驚嘆させられることがある。その秘密は途中にいくつも設けられているダムと水門にある。

第一に川沿いの土地をあまり水没させないために、第二に水門の構造と操作を簡単にするために、ひとつひとつのダムの高さは割に低い。上下の水位差はせいぜい五メートル程度であることが多い。

日本ではこの種のダムを造ることは論外だという。台風や集中豪雨の時に水害を招く危険があり、また上流から多量の石ころや土砂が押し流されてきて、ダムの上手《かみて》がすぐに埋まってしまうと予想されるからだ。

してみると、山間を流れるネッカー川の途中にいくつものダムと水門があり、大きな船が悠々と航行しているありさまなどは、ドイツならではの風物詩だといえるだろう。

ダムで水位を上げるという方法が取れない所では、川底を浚渫《しゅんせつ》したり、川に並行して運河を開掘したりしている。水門式の運河では、船をせり上げるために常に豊富な水量が必要であるが、川に並行している運河ならその心配はない。ちなみに山越えで水門式の運河を設けるには、運河の最高地点で充分に水を確保できるかどうかが決め手になる。

以上とともに内陸水路の利用価値を大いに高めたのは、川と川を結ぶ運河の建設である。小規模なものは既に一四世紀頃から造られ始めていたが、一九世紀に入って非常に盛んになった。中でも名高いのは、ドイツのまんなかを東西に貫いているミッテルラント運河 Mittellandkanal だ。ドイツ最大のフォルクスワーゲンの自動車工場がヴォルフスブルクに立地しているのも、このミッテルラント運河のためである。

とにかくドイツの主な川はすべてお互いに運河で結ばれており、内陸水路のネットワークは国境を越えてオランダ、ベルギー、フランス、オーストリア、ポーランドなどにも広がっている。早い話が、パリから船に乗って内陸水路伝いにドイツを横断し、ベルリンまで行くこともできる。

内陸輸送の主役の座を鉄道に、ついでトラックに奪われたとはいえ、ドイツのように内陸水路が発達している国では船の重要性は決して衰えてはいない。例えばライン川をひっきりなしに往来している貨物船の群を見れば、それが実感できる。いわゆる重厚長大な物を割安に運べるという点で、今なお船にまさるものはない。

一方、ロマンチックな内陸水路の船旅は、近来ますます重視されるようになった。大は二〇〇〇トン級のクルーズ船から、小は一家族が寝泊まりできる程度のヨットに至るまで、今や多数の船がドイツの内陸水路を往来している。

マイン川の水運

マイン川はバイエルンの奥深くまで入り込んでいて、昔からよく水運に利用されてきた。バンベルクのあたりから支流のレーグニッツ川に入り、ニュールンベルクまで川船で行くことができた。中世都市フランクフルト、ヴュルツブルク、バンベルク、ニュールンベルクなどの繁栄の一端を担《にな》っていたのがマイン川の水運である。

レーグニッツ川からさらに運河を設けてドナウ川と結ぼうという構想は、既にカール大帝の時代からあった。彼は六〇〇〇人の人手を動員して運河開掘を始めさせたが、地崩れが続出して放棄のやむなきに至った。この構想を初めて実現したのは、バイエルン王ルートヴィヒ一世（新白鳥城を造ったルートヴィヒ二世の祖父）で、一八四六年のこと。しかし、一二トン以下の小さな船しか通れなかった上に、途中に水門が一〇一もあって船を上げ下げするのに時間がかかり過ぎたため、ちょうど普及し始めた鉄道に押されて、所期の目的である貨物輸送にはほとんど利用されずじまいであった。

この運河はルートヴィヒス・カナール Ludwigskanal と呼ばれ、今では内陸水路の旅を楽しむ人たちのヨットがのんびりと通っている。

もっと大規模で効率の良い運河を造り、ライン川の水系とドナウ川の水系との間を貨物船で往来できるようにすれば、経済的に絶大な効果が期待されるため、一九二一年にライン・マイン・ドナウ会社（ＲＭＤ）が設立され、本格的な運河の建設が始まった。

まずマイン川であるが、ところどころに急流や水深の浅い所があって、航行できる船の大きさに制約があるのを解決するため、途中に二七のダムが設けられて水深が深くされ、船はダムにさしかかるたびに水門で上下されるようになった。

並行運河に水を取られても、なお船が通れるレーグニッツ川の本流

バンベルクから先は、ニュールンベルクまでレーグニッツ川に並行して新たに運河が開掘され、今では一五〇〇トン級の貨物船が航行できるようになっている。ニュールンベルクから先がこの新しい運河の山場であり、バイルン・グリースでドナウ川の支流アルトミュール川に入り、ケールハイムでドナウ川に達している。

バンベルクからケールハイムまでがマイン・ドナウ運河 Main-Donau-Kanal と呼ばれ、自然の川をダムでカサ上げして航行できるようにした部分と、新たに大地を開掘した部分とを含めて、全長一七一キロ。幅は五五メートル、水深は四メートル以上。最高地点との落差はバンベルク側が一七五メートル、ケールハイム側が六八メートル。その間に一六のダムと水門が設けられ、ダムでせき止められた水は発電と農業にも利用される。

環境保護との調整に手間取って工事が遅れていたが、九二年九月に開通した。これによってドイツはもとより、スイス、フランス、ベルギー、オランダからも一五〇〇トン級の船でオーストリア、スロヴァキア、ハンガリー、セルビア、ルーマニア、ブルガリア、ウクライナへ、そしてドナウ川の支流を通じてクロアチア、スロヴェニアなどへも往来できるのだから、その経済的効用ははかり知れない。

選帝侯

選挙侯ともいう。ドイツ語ではクーアフュルスト Kurfürst。ベルリンいちばんの繁華街クーアフュルステンダムは、選帝侯通りという意味だ。

選帝侯は並みの諸侯よりは格が上だという考え方があり、かつて選帝侯の城下町だった所では今なお市民がそれを誇りにしていて、観光案内文などにもよくクーアフュルストという言葉が出てくる。例えば金沢市民が、今なお加賀百万石の城下町だったことを誇りにしているのに似ている。

一四世紀の前半までは皇帝選挙のたびに諸侯の間でよく悶着《もんちゃく》が起こり、時には皇帝がいなくなったり（大空位時代）、同時に二人の皇帝がダブって選出されたりした（対立皇帝の時代)。そういうことがないようにするため、皇帝カール四世は一三五三年にフランクフルトで諸侯の会議を開いて、選挙の手続きを法文化し、翌年メッスでの会議で補正を加え、金印勅書として公布した。それによって聖俗の七大諸侯が選帝侯として確定し、選挙は公開で多数決によることが決まった。なお、被選挙権はどの諸侯にも認められていた。

金印勅書で決まった七人の選帝侯とは、マインツ大司教、ケルン大司教(宮廷所在地はボン)、トリーア大司教、ライン・プファルツ伯(宮廷所在地はハイデルベルク)、ベーメン王、ザクセン大公、ブランデンブルク辺境伯である。

一七世紀にバイエルン大公とハノーヴァ大公にも選帝侯の地位が与えられ、また一七〇一年からはブランデンブルク辺境伯はプロイセン王と称するようになった。

川向こうから中世フランクフルトの全容を想像

二〇三ページに出ている略図を目安にして、フランクフルト旧市街の歴史散歩を試みることにしよう。これはあくまでも場所の見当をつけるための略図であるから、実際に散歩するにあたっては別に詳細で正確な市街地図を用意されたい。

旧市街のちょうどまんなかあたり、マイン川に①アイゼルナー・シュテーク Eiserner Steg という歩行者専用橋がかかっている。この橋を渡ると、マイン川の南岸からの眺めがたいへん印象的だ。

すぐ向こう岸にゴシック式の②レンテン塔が見える。一八〇六年にナポレオンの差し金で取り壊されるまで、フランクフルトの旧市街は壮大な城壁で囲まれていた。レンテン塔、そしてここからでは見えないが旧市街の北側にある⑫エッシェンハイマー塔は、今は亡《な》き城壁の貴重な形見である。

レンテン塔に接している建物は③ザールホーフと呼ばれ、前記シュタウフェン家の皇帝の城があった所。前はマイン川、後ろは水をたたえた堀で囲まれたヴァッサーブルク（水城）であった。皇帝の城といえども、一二世紀にはまだ規模がごく小さかったことが分かる。堀はとっくの昔に埋められ、建物も二度改築されてルネッサンス式になり、現在は歴史博物館として使われている。

左端にレンテン塔、続いてザールホーフ、右後方に聖バルトロメーウス大聖堂。このあたりは中世から船着場だった

この博物館の中に、古さびたロマネスク式の礼拝堂が残っている。一一七五年に皇

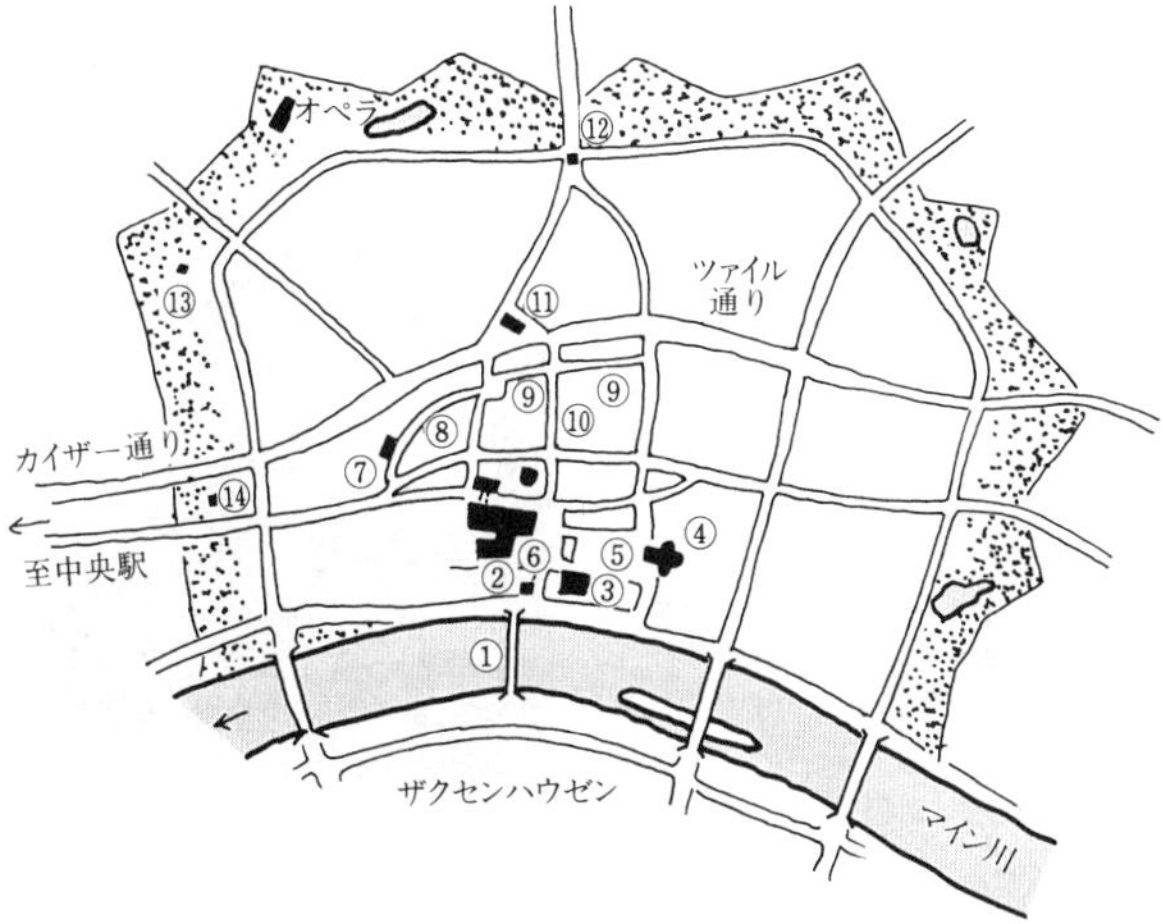

フランクフルト

0　0.5　1 km

①アイゼルナー・シュテーク
②レンテン塔
③ザールホーフ
④聖バルトロメーウス大聖堂（ドーム）
⑤歴史の庭
⑥レーマーベルク広場
⑦ゲーテの家
⑧ヒルシュグラーベン（鹿堀）
⑨ホルツグラーベン（材木堀）
⑩リープフラウエン通り
⑪ハウプトヴァッヘ
⑫エッシェンハイマー塔
⑬ベートーベン像
⑭ゲーテ像

聖バルトロメーウス大聖堂

帝フリードリヒ・バルバロッサが造ったものので、シュタウフェン家の城だった当時からのただ一つの名残であり、当市最古の建物だ。

一般に城の中には礼拝堂を設けるのが常であって、一室を当てる場合と別棟にする場合とがあった。そして城の建物を取り壊すとき、礼拝堂が別棟になっていればそこだけ残しておくことが多かった。このザールホーフの礼拝堂もその一例だ。

レンテン塔から右へ視線を移すと、ゴシック式の④聖バルトロメーウス大聖堂（ドーム）が、天を指差すかのようにそびえている。この地方独特の赤砂岩で築かれており、夕日に赤々と染められる時はことに美しい。既にフランク王国の時代からここに教会があったが、現在の大聖堂は一四世紀から一五世紀にかけて改築されたもの。高さ九五メートルの尖塔《せんとう》のてっぺんまで完成したのは、一九世紀になってからである。石段を踏みしめながら塔上に登れば、全市とマイン川が一望の下だ。

一三五六年からは皇帝の選挙が、そして一五六二年からは皇帝の戴冠式《たいかんしき》も、この大聖堂で行われるようになった。

瓦礫《がれき》の底から再起した街

レンテン塔より左の方を見ると、旧市街のかなたに高層ビルがニョキニョキと建ち並んでいて、長い歴史を持つ古都のたたずまいとはおよそ不似合いな感じだ。マイン川のかなたに高層ビルがひしめいている光景を評して、「これじゃ殺風景なマンハッタンの二の舞だ、マインハッタンだ」とか、「銀行のビルばかりになっちまったから、フランクフルト Frankfurt でなくてバンクフルト Bankfurt さ」というシャレがいっときはやった。

今はおさまったが、以前は街中いたる所がビル工事中で、シートで覆《おお》われ、地面は痛々しく切り裂かれていた。「これじゃフランクフルト Frankfurt でなくてクランクフルト Krankfurt だ」という冗談も市民の共感を呼んだ。クランクフルトとは、「病めるフルト」「満身創痍《そうい》のフルト」といったところ。

第二次大戦中に米英軍の爆撃で焦土と化してしまう前は、フランクフルトには古風な木骨組や石造りの家々が二〇〇〇棟も軒を連ね、中世都市らしい美しさに溢《あふ》れていた。戦前から長くヨーロッパにいたジャーナリストの笹本駿二氏も、岩波新書の『ライン河物語』で、爆撃で永久に失われてしまったドイツの古都の美しさについて、万感をこめて書いている。今では、戦災をあまり受けなかったロマンチック街道やメルヘン街道沿いの古い町々を訪ねて、その美しさを偲《しの》ぶほかない。

フランクフルトではゲーテの家、ラートハウス、ザールホーフなど、旧市街のごく一部の建物を苦労して昔通りの姿に戻しただけで、あとは瓦礫の山を片付けて新しいビルを建てるしかなかったのだ。そこで、モダンなビルが林立している現在のフランクフルトをかいま見ただけの旅行者は、「ビジネスとショッピング以外には用のない街」と速断しがちなのである。

確かに、ショッピングに便利なことではドイツ随一かも知れない。日本人好みの高級ブランドものを扱う店から、ドイツの伝統的な手作りの品々を扱う店に至るまで、あらゆるジャンルにわたる商店が揃《そろ》っている。主な商店街がみな、⑪ハウプトヴァッヘ Hauptwache 前の広場から放射する形になっていて分かりやすいのも、土地不案内な旅行者には嬉《うれ》しいところ。

しかし、一九〇〇年の星霜を経てきた古都の息吹《いぶき》は、米英軍の猛爆撃によってもなお拭《ぬぐ》い去られることなく、意外な所に残っている。もともと買物には興味がないという方や、買物をすませてもなお時間のある方には、旧市街中心部の散策をおすすめしたいゆえんである。時間のない方は、この本で紙上散策をどうぞ。

商店街が集中している⑪ハウプトヴァッへ前の広場から南へ、その名も優しい⑩リープフラウエン通りLiebfrauenstrasseという歩行者天国を歩いて、旧市街中心の⑥レーマーベルク広場Römerberg Platzまで、五、六分である。リープフラウとは愛すべき女性、聖母マリアという意味。市内観光をすませたあと、いったんホテルへ帰ってから出直す場合は、地下鉄U4番線のレーマーRömer駅下車がいちばん分かりやすい。

読者にまず旧市街の全容についてお話ししたいという一心から順序が逆になったけれども、最初に述べた歩行者専用橋アイゼルナー・シュテークはこの広場のすぐ南にある。

旧市街の中心レーマーベルク広場

レーマーベルクとは「ローマ人の山」という意味だが、山はいささか大げさで、マイン河岸よりは少し高くなっている程度だ。中世以来、ここにツム・レーマーという屋号の商人の家があったのが広場の名の由来である。ツム・レーマーを日本語にすれば、ローマ人館《やかた》とでもいったところ。

古代にはこの辺でローマの商人が店を開いていたり、兵士が歩き回っていたり、奴《ど》隷《れい》が物を運んでいたりしたと想像しても、あながち見当外れとはいえない。広場の東側で、爆撃された建物の下からローマ時代の城壁や住居跡が出てきたからだ。クンストハレ・シルンと呼ばれるモダンな展覧会場のわきにある⑤歴史の庭がそれである。そういうわけで、ローマ時代にここに町があったことは確かなのだが、ごく小さなものであったらしい。ちなみにローマ時代には、この地方の中心都市はモゴンティーアクム（現在のマインツ）であった。

フランクフルトの北部に、ヘッデルンハイムという所がある。ひと昔前までは農村だったそうだが、今では市街地に組み込まれ、地下鉄が通っている。そのヘッデルンハイムでローマ時代の建造物の遺構が発掘され、それがローマ時代にはニーダと呼ばれていた場所であり、軍団の本営が置かれていたことが分かった。してみると、フランクフルトの旧市街の下に埋もれているローマ時代の小さな町は、軍団を相手に商売をしていたローマ人たちが、水運の便の良いマイン河畔に設けた集落から発足したのではなかろうか。

広場の名の元になったレーマーという屋号の家は、広場の西側に三つ並んでいる赤

レーマー

砂岩造りの建物のまんなかにあるのがそれだ。三棟ともシュトゥーフェン・ギーベルと呼ばれる階段状の破風《はふ》が美しい。壁面の彫刻や窓の形にもそれぞれ工夫が凝らされていて、これらの家々を造った商人たちの意気込みがうかがわれる。

　レーマーが記録に初めて出てくるのは一三二二年のこと。その後一四〇五年に、これら三棟とその裏にあった八棟の商人の家を市が買い取り、通路や中庭を通って互いに往来できるように改装し、ラートハウスにした。第二次大戦中に爆撃で大破したあと、外観と、内部のカイザーザール（皇帝大広間）だけは元通りに修復された。爆撃がいかに激しかったかは、前記の歴史博物館にある戦前の旧市街の模型や写真を見るとよく分かる。

レーマーの破風には、鷲《わし》の紋章と四体の皇帝像が付いている。フランクフルトが帝国自由都市であり、皇帝の選挙と戴冠式が行われるという栄誉を担《にな》っていたことを象徴したもの。これが付けられたのは一九世紀で、その時にはもうナポレオンの圧力によって神聖ローマ帝国なるものは名実ともに消滅していた。

一階の出入口が広くて背が高いのは、馬車に商品を満載したまま出入りできるようになっていたからだ。これらの家々がラートハウスすなわち市役所になってからも、一階とその奥にある中庭はカウフハウス（市営の商品展示場、取引所）として使われた。

フランクフルトに限らず、ドイツの商業都市はみなカウフハウスを持っていた。市役所内に設けられている場合と、別建築になっている場合とがあるが、別建築のときは市役所に準じる豪壮な造りになっているのが通例だ。両者ともにその都市の「顔」みたいなものであり、外来者に威勢のいいところを見せようとしたからである。

少年ゲーテが見た皇帝戴冠式の祝宴

市役所の皇帝大広間は、ふだんは市の行事に使われていたが、戴冠式があると、皇帝、皇族、領邦君主や帝国都市の代表、外国の使節などを迎えて、盛大な祝宴の場になった。外のレーマーベルク広場には大勢の民衆が詰めかけ、金貨・銀貨のばら撒《ま》き、双頭の鷲の嘴《くちばし》から白ワインと赤ワインが注ぎ出される「ワインの泉」、牛の丸焼きの争奪戦、などなどの祝賀行事を楽しんだ。そのありさまは、ゲーテの自伝『詩と真実』のなかに活写されている。

皇帝選出の手続は時代によって変遷《へんせん》があるが、ゲーテの頃は次のようになっていた。選帝侯の会議によって、あらかじめ皇帝の後継者すなわち皇太子が選出されてローマ王という称号を帯び、皇帝が死ぬと改めてローマ王が皇帝に選出されるのである。このローマ王というのは単なる称号であって、現実にローマを支配していたわけではない。一七六四年にハプスブルク家のヨーゼフ（後の皇帝ヨーゼフ二世）がローマ王に選出され、戴冠式を挙げた時の状況を、一四歳になっていたゲーテは少年らしい感嘆の念をこめてつぶさに体験した。それが後に『詩と真実』のなかの生き生きした描写を生んだのである。

祖父がフランクフルト市で最高の要職にあったため、「ゲーテ家の坊っちゃま」はたいていの所へはもぐりこむことができたのだが、さすがに皇帝フランツ一世、ローマ王ヨーゼフをはじめとする貴顕が祝宴を挙げている皇帝大広間へは、最初は入れなかった。そのうちに、知り合いのプファルツ伯爵家《はくしやくけ》の執事が銀器類を捧《ささ》げ持って現れたので、ゲーテはその一つを持たせてもらい、まんまともぐりこみに成功する。「綺《き》麗《れい》な身なりをしていたから誰にも怪しまれなかった」と、ゲーテは澄まして書いている。大広間のまわりにはさまざまの役目を持つ召使たちが侍立していたから、ゲーテもその一人に化けて、何食わぬ顔で祝宴のありさまを観察したのである。

祝宴の前に大聖堂で戴冠式が行われたのだが、ゲーテはそちらの方へは行かなかった。市役所階上の窓際《まどぎわ》に特別観覧席が設けられ、ゲーテ家に対しても席の割当があったので、ゲーテはそこから広場全体のありさまを眺め渡すことに決め、あわせて同じ市役所内の皇帝大広間で開かれる祝宴にもぐりこんでみようという計画だったと、『詩と真実』のなかで書いている。

それでも少年ゲーテの知的好奇心はたいへんなもので、自分が見られなかった戴冠式の模様については、実際に見た人たちから詳しく話を聞いている。

祝賀行事で死人も出ようかという騒ぎ

レーマーベルク広場で繰り広げられた光景について、少し『詩と真実』の記述を追ってみよう（山崎章甫訳、岩波文庫から）。ゲーテは市役所の階上に陣取っていたので、スペクタクルの全容が手に取るようによく見えたはずである。

「(広場には) 左右に大きな桶《おけ》をすえた噴泉が新たに設けられていて、台座の上の双頭の鷲の二つの嘴から、それぞれの桶に白ぶどう酒と赤ぶどう酒がそそぎ出されるようになっていた。その向うには燕麦《えんばく》が山のように積みあげられ、手前には大きな板張りの小屋が建っていた。その小屋のなかでは数日まえからよく肥えた牡牛《おうし》がまるごと巨大な串《くし》にさされてあぶられ、脂《あぶら》をぬられていた」

言うまでもなく「双頭の鷲」は皇帝のシンボルであり、それをかたどって白ワインと赤ワインを注ぎ出す装置が作られていたのだ。

やがて、馬に乗った式部長官が銀製の升《ます》を持って現れ、皇帝の馬屋のために燕麦をひと升すくい取る。次に、やはり馬に乗った内膳頭が出て来て、焼けた肉を銀製の蓋《ふた》付き料理皿に取って行く。そして侍従が噴泉に馬を寄せて、ぶどう酒を取る。これで、皇帝の食卓をととのえる儀式が終わったわけである。

「すべての人の目は世襲大蔵頭を待ちうけた。彼は貨幣を撒いてくれることになっていたのである。彼も美しい馬にまたがった。鞍《くら》の両脇《りようわき》には拳銃《けんじゆう》入れのかわりにプファルツ選帝侯の紋章を刺繡《ししゆう》したきらびやかな袋がいくつか下げてあった。彼は馬を歩ませはじめるとすぐに、この袋に手をさしいれ、左右に金貨や銀貨をおしみなくばらまいた。そのたびにそれらは金銀の雨のように空中に楽しくきらめいた。この贈物をとらえようとして幾千の手が一瞬空中におどったが、貨幣が下に落ちたと見るや群衆は地面に殺到し、地に落ちた貨幣をつかもうとはげしく争った。施し手が馬を進めるにつれて、その左右にこの動きがくりかえされたので、それは見物の者にとってはまことに愉快な見物《みもの》であった。最後に袋そのものが投げ上げられ、誰もがこの最高の賞をえようと競ったとき、もっとも激しい光景が展開された」

ゲーテより前の時代には、こういう儀式がすむやいなや、民衆がワッとばかりに跳びかかって、燕麦の山、ワインの樽と注ぎ出す装置、牡牛の丸焼きとそのための小屋、皇帝が大聖堂での戴冠式《たいかんしき》を終えて市役所に入る時に通る「きれいな布で飾られた仮設陸橋」などを、争って叩《たた》き壊し、奪いあいで何でもかんでもお土産として持ち去ることが許されていた。

それで毎度たくさんのケガ人が出る騒ぎだったので、ゲーテが見た時は、牡牛の丸焼きと小屋の争奪だけが認められた。俄然《がぜん》、すさまじい争いになり、死人が出るのではないかと心配されるぐらいであったが、結局はみな無事だったらしい、とゲーテは書いている。

裏方として苦労した市当局と市民たち

選帝侯会議の準備から戴冠式の終了まで二カ月以上も続いた行事を、裏から支えねばならなかった市民の苦労ぶりをちょっと見てみよう。

選帝侯、その他の領邦君主や帝国都市の代表、外国の使節、そして最後に皇帝とローマ王が、それぞれ大勢の供揃《ともぞろ》い美々しくフランクフルトに乗りこんできた。華やかな時代絵巻を見ているようで、ただ見物している分には結構ずくめであったが、実際問題として市民には大変なことであった。強制割当てを受けて、上はお偉方や随員から下はお供の面々に至るまで、市民の家に宿泊させねばならなかったからだ。もちろん旅館もあったのだが、到底足りるわけがなかった。

ゲーテ家は名門で二棟続きの大きな家に住んでいたから、プファルツ選帝侯の宮内《くない》官《かん》とニュールンベルク市の代表というお偉方が二人宿泊することになった。当然それぞれ一部屋というわけにはいかず、前者は二階を、後者は三階をぜんぶ占領し、ゲーテ一家の居住スペースは非常に窮屈になってしまった。少年ゲーテは、ふだんはあまり外出ばかりしていると「もっと家に落ち着いてよく勉強しろ」と父に叱《しか》られたのであるが、この時ばかりは「家には居場所がない」ということを口実にして、これ幸いと一日中出歩いていた。

それでも、ゲーテ邸のような広い家ならまだよい。狭い家に住んでいる普通の市民にも、お供の者たちの宿泊が割り当てられた。ふだんから家族だけで精いっぱいの所へ、お偉方のお供が威張ってずかずかと入って来たのだ。それにどこまでが市民の負担で、どこまでが宿泊者の負担かということについて、たとえ規則では決まっていても、現場では問題百出であった。「昼も夜も、間断なく苦情、賠償の請求、争議また不和が起こった」と、ゲーテは書いている。

そういうもめ事の処理だけでも、市当局にとっては大変であった。そしてもう満員状態だというのに、まだ後から後から戴冠式出席者たちが大勢の供を連れて繰り込んで来て、市当局に悲鳴をあげさせた。その上さらに各地からたくさんの見物人が詰めかけて来て、フランクフルトは人で溢《あふ》れんばかりになった。長い目で見れば商業都市フランクフルトにとって大きなプラスになるのであろうが、とりあえず連日のように行われる公式行事のために、市が負担しなければならない費用も莫大《ばくだい》な金額にのぼったと考えられる。

それでも市民はみな、フランクフルトで皇帝の選挙や戴冠式が行われることを誇りに思って不便や出費を耐え忍び、盛儀を楽しんだありさまが、『詩と真実』を読むとよく分かる。

神聖ローマ帝国皇帝は既に漫画的な存在に

このように戴冠式は盛大に行われ、お祭り騒ぎも大変なものだったけれども、政治の現実においては、神聖ローマ帝国なるものも皇帝の地位もとっくの昔に形骸《けいがい》と化していた。この頃はハプスブルク家の当主が皇帝に選出されるのが慣例のようになっていたが、皇帝の実権が及んだのは、要するにハプスブルク領内だけであった。

ゲーテが生まれるちょっと前の一七四五年に行われた皇帝フランツ一世の戴冠式のありさまを、ゲーテは古老に聞いてやはり『詩と真実』に書き記している。

フランツはロートリンゲン公国の当主であったが、大国間の政治的取引の具にされてイタリアのトスカナ公国に国替えされたあと、ハプスブルク家の女主人マリア・テレジアと結婚した。言うなれば入りむこである。王侯の間では本人の意思とは無関係な政略結婚が普通だった時代において、極めて珍しいことにマリア・テレジアがまだ少女だった頃から二人は相思相愛の仲であった。結婚後もたいへん仲睦《むつま》じく、一六人の子が生まれた。その長男が前記のヨーゼフであり、末娘がフランス大革命の時にギロチンの露と消えたマリー・アントワネットである。

ハプスブルク家では政治の実権はマリア・テレジアが握っていたが、神聖ローマ皇帝の地位は男に限られたから、フランツが皇帝に選出された。そういう背景を頭において『詩と真実』を読み、レーマーベルク広場で繰り広げられた光景を思い浮かべてみると面白い。なお、マリア・テレジアは政治家として傑出した才能を発揮したが、また非常な美人であり、誰に対しても思いやりが深いということで評判が高かった。以下は山崎章甫訳の岩波文庫からの引用である。

「並みはずれて美しいマリーア・テレージアは、その祝典を市庁に隣接するフラウエンシュタイン家のバルコニーの窓から眺めていた。いよいよ夫帝が奇妙ないでたちで大聖堂から出てきて、彼女の前にいわばカール大帝の亡霊のような姿を現したとき、彼はいたずらっぽく両手をさしあげて、彼女に地球儀や王笏《おうしゃく》や奇妙な手袋を見せたので、彼女はとめどもなく笑いはじめた。これを見て見物の群衆はすべて非常に喜び、また心をうたれた。群衆はキリスト教世界最高の夫妻の美しい自然な夫婦関係を目にする栄誉をあたえられたからである。皇后が夫帝に挨拶《あいさつ》をおくるためにハンカチをふり、自ら大声で万歳を叫んだとき、群衆の熱狂と歓呼は最高潮に達し、喜びの叫びは果てるところを知らなかったということである」

民衆は熱狂していたけれども、皇帝フランツ自身は既に、自分の役割をいささか漫画的だと感じていたらしいことが分かる。

ゲーテの家の前から中世城壁の線をたどる

市役所から西の方へ歩いて数分の所に⑦ゲーテの家 Goethehaus があり、⑧ヒルシュグラーベン（鹿堀《しかぼり》）という名の通りに面している。少年の頃ゲーテは、家の前には鹿もいないし堀もないのに、なぜ鹿堀というのかと不思議に思って父に聞いた。すると、昔はここは道路ではなくて空堀になっていて、たくさんの鹿が飼われていたからだ、と教えてもらったということを『詩と真実』に書いている。

フランクフルト以外でも、多くの中世都市では空堀で鹿を放し飼いにする習慣があった。市長や市参事などは名誉職で無給であったが、何かの折にはこういう鹿をつぶし、市の費用で大ごちそうを作り、たらふく飲み食いするのが報酬代わりと考えられていた。そんなわけで鹿堀はほかの中世都市にもあったのだが、フランクフルトでは今なお通りの名として残っているところが面白い。しかもそれが、当市一番の名所ゲーテの家の前ときている。

ゲーテの家に入る前に、市街地図をもう一度よく見て、中世以来の旧市街と城壁の線をたどってみよう。

ヒルシュグラーベン（鹿堀）通りに続いて、――後世にできた広場のためにちょっとずれる感じではあるが――⑨ホルツグラーベン（材木堀）という名の通りがある。

このようにグラーベン（堀）と呼ばれている一連の通りは、当初まだ小さかった旧市街を半円形に取り巻いていた城壁の堀の跡だ。

その後に新しく道路や広場が造られたため、当初の城壁と堀の線はだいぶ消されてしまった。元は鹿堀はマイン河畔まで延び、また半円形の東端をなすマイン河畔に接してはヴォルグラーベン（羊毛堀）という名の通りがあったそうだ。

当初の旧市街は半径約四〇〇メートルの小さな半円形であり、やがて手狭になって、人家はどんどん城壁の外に広がっていった。そこで当初の城壁は一三三三年に取り壊され、市域が拡張されて、いま環状の緑地帯になっている線に新たに城壁が築かれたのである。

そのうちに大砲がどんどん進歩して、中世風の城壁では対抗できなくなった。そこで一五世紀の中頃に、最新の築城技術をとりいれて大改築が始まり、城壁の奥行がうんと深くなり、星形の凹凸《おうとつ》のある堡塁《ほうるい》を連ねたような形の城壁と堀がだんだんとできあがった。

川向こうのザクセンハウゼンは、元はフランクフルトとは別の町であったが、この時にフランクフルトに右へならえをする形で城壁と堀の大改築が行われ、両者はマイン川をはさんで一体化した城壁都市になった。歴史博物館にある銅版画を見ると、当

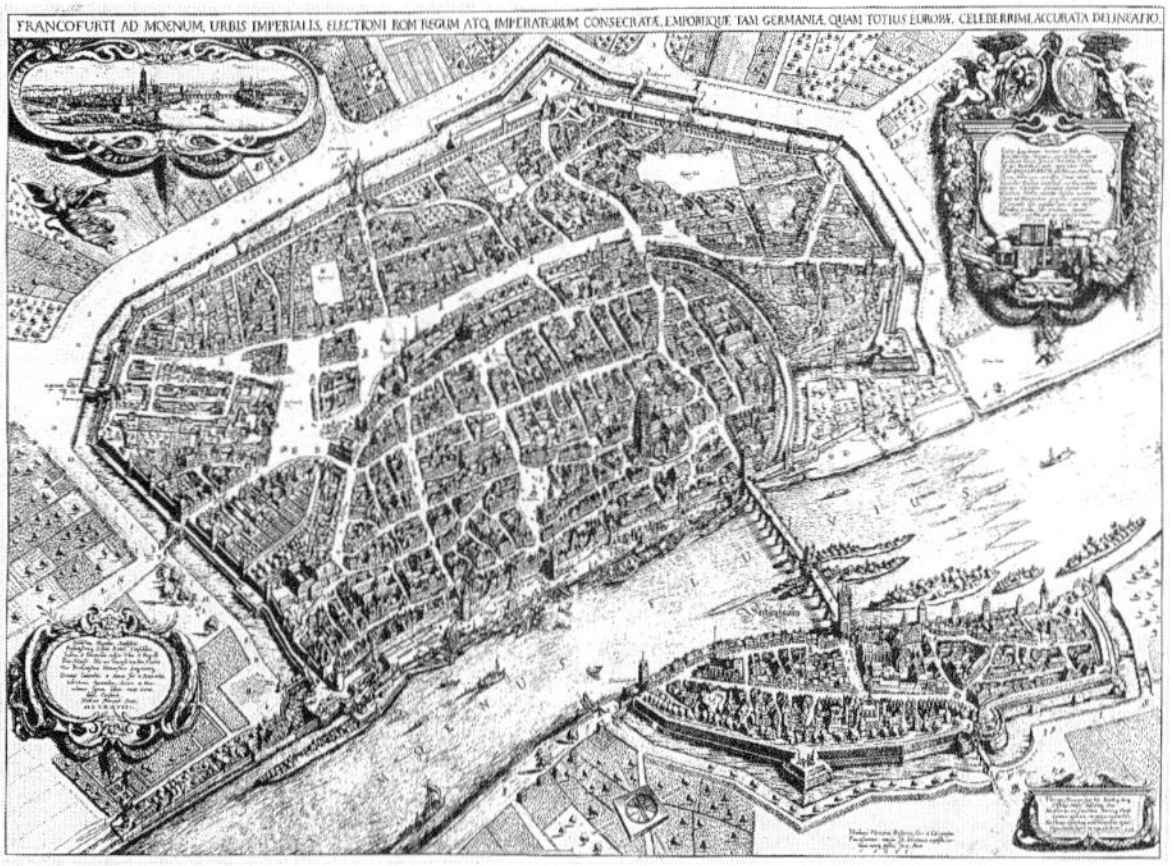

1628年に作られた銅版画。当初の城壁の線や、ザクセンハウゼンのありさまが分かる。この時点では星形の凹凸の部分はまだ未完成だった

時のありさまがよく分かる。ちょうど函館《はこだて》の五稜郭《ごりょうかく》を大きくしたような感じの、星形の凹凸がある城壁と堀で囲まれていた。

一八一四年にこの城壁を取り壊し堀を埋めた時、フランクフルト側では跡地をぜんぶ緑地帯にした。そのため緑地帯に星形の凹凸が残っていて、元の形が推察できる。また緑地帯の幅が非常に広いことからも、そこにあった城壁と堀の規模が大きかったことが分かる。なお、緑地帯のところどころにある池は堀の名残だ。

ザクセンハウゼン側では跡地を市街化してしまったため、今では

城門の名などがわずかに地名に名残をとどめているだけだ。ちなみにザクセンハウゼンには、陽気な音楽を聞かせる酒場風レストランがたくさんあって、リンゴ酒が名物になっている。リンゴ酒のことを標準ドイツ語ではアプフェルヴァイン Apfelwein、当地の方言ではエッベルヴァイ Ebbelwei という。

ゲーテの家で一八世紀の裕福な市民の生活を実感

ゲーテの家は、二つの建物がつなぎ合わされた形になっている。入って右側の方は四階建てで、今ではゲーテゆかりの品々を集めた博物館として使われている。左側の方は屋根裏部屋を含めて五階建てで、ゲーテの少年時代のとおりに復原されている。これら二つの建物はいずれも一五九〇年頃、裕福な商人の家として造られ、ゲーテの祖母が一七三〇年頃に買い取ったもの。元は完全に別棟であったが、ゲーテ六歳の時に祖母が世を去ったのをきっかけに、父が大改造を加えてつなぎ合わせ、内部もすっかり改装したのであった。

第二次大戦中の爆撃で、ゲーテの家も大破した。戦争が終わるやいなや、フランクフルト市民はわが家の焼け跡の片付けもそこそこにしてゲーテの家に集まり、灰の中から石材のかけら一つ、鉄や銅の金具一つまで、丁寧に掘り出して集めた。幸いに一階の基部は無事だったし、外側の赤砂岩の石材や鋳鉄《ちゆうてつ》製の窓飾りなども、倒壊しただけであった。

このようにして回収された部分はなるべくそれを生かし、あとは専門家の考証に従って復原したのである。二階へ通じる階段をよく見ると、元からの部分と復原された部分とが分かる。この階段の美しい鉄製の手すりなどは、すべて元からのもの。

家具調度などはみな疎開《そかい》してあったので戦災をまぬがれ、復原された建物とあいまって、訪れる人にゲーテ一家が住んでいた頃の息吹《いぶき》を伝えてくれる。道路に面した表玄関は閉まっていて、見学者は二つの建物の間から中庭を通り、勝手口から入るようになっている。左側が台所で、さまざまの菓子パンの焼き型、鍋《なべ》、かまど、大きな柄の付いたポンプなどがある。二階への階段の途中にあるローマ名所の銅版画は、父がイタリア旅行の土産に持ち帰ったもので、少年ゲーテの胸にイタリアへの限りない夢と憧《あこが》れを植えつけた。

二階の三室は客間で、ゲーテ兄妹のダンスの稽古《けいこ》、妹の結婚披露宴などもここで行われた。階段の右手は音楽室。父が一七六九年に買ったクラヴィコード（ピアノの前身になった楽器）や楽譜などがある。ここで父はリュートをひいたが、絃の音を合わせるのに費やす時間の方が、曲をひいている時間よりも長かった。ゲーテ自身はチェロをひいた。妹は花嫁修業の一つとしてクラヴィコードのレッスンを受けさせられたが、彼女はそれが嫌で、死ぬ思いだったたという。

三階には年号から月の満ち欠けまでも表す大時計があり、いまだに動いている。ゲーテが生まれた部屋には、清楚《せいそ》な胸像と花束だけが置かれている。書斎はまず父が、次にゲーテ自身がワイマールへ旅立つまで使っていたもので、美しい寄木細工の机や燭台《しょくだい》などがある。隣の部屋には、父の蔵書、ゲーテが八歳のときラテン語を勉強し書き込みをしたノートなどがあり、この偉人の体臭が二三〇年の歳月を越えて我々にも伝わってくるような気がする。

そのほかにも見事な寄木細工の家具や、女中がアイロン代わりに使った万力のような器具、部屋の壁の外から薪《たきぎ》をくべるようになっている大きな暖炉などもある。この家を見れば、単にゲーテが生まれ育った家というだけでなく、一八世紀の裕福な市民の生活ぶりが体感できて、興味は尽きない。

ローマ時代の長城の遺跡

フランクフルトの北郊、地下鉄U2線の終点にバート・ホームブルク Bad Homburg という小さな町がある。まわりには緑美しいタウヌスの森が広がっており、バートという地名からも分かるように温泉保養地として知られている。また一八六六年にプロイセン王国に合併されてしまうまでは、小さなヘッセン・ホームブルク方伯国の都だったという歴史を持ち、旧市街に大きな城が残っている。現在の建物はほとんどが一七世紀のものだが、ひときわ高くそびえている白い塔は、一四世紀に築かれた城塞《じょうさい》の名残である。

　方伯の城もさることながら、歴史愛好派におすすめしたいのは、町の北北西七キロの森の中にあるザールブルク城 Saalburg だ。ローマ時代のリーメスの守備隊が駐屯していた城塞である。

　この城塞は、ドイツでいくつも発見されているリーメス関連の遺跡のなかでは最も保存

復原されたローマ時代の城塞、ザールブルク城

森の中にどこまでも続いているリーメスの遺跡。空堀の外側にローマ時代の木柵が一部復原されているのが見える

状態がよく、一九世紀の中頃から考古学者によって綿密な発掘調査が行われ、一八九八年から一九〇七年にかけてローマ時代のとおりに忠実に復原された。二重の空堀と堅固な石造りの城壁で囲まれ、内部の建造物も主要なものは復原されて、さまざまの発掘品をおさめた博物館になっている。

　南門の前には、ローマの軍団駐屯地だったニーダに通じていた街道が残っており、浴場、民家、ミトラ神殿などの遺構もあたりの林の中に散在している。この街道を逆に北の方へたどって行くとリーメス Limes の遺跡があり、今は低い土堤と浅い窪《くぼ》みと化しながらも、森の中にどこまでも続いているのが印象深い。ローマ時代の木柵《もくさく》が一部復原されている。

リーメス

ケルン
ボン
バート・ヘニンゲン
0 20 40 60 80 100
km
フランク
フルト
マインツ
ヴュルツブルク
ニュールンベルク
ライン川
ハイデル
ベルク
レーゲンス
ブルク
リーメス
ストラスブール
アイニング
ウルム
ドナウ川
アウクスブルク
ボーデン湖
バーゼル

ローマ帝国はライン川とドナウ川をもって自然の国境線としていたが、一世紀の後半、ヴェスパシアヌス帝とドミティアヌス帝の時代に、ライン川の中流とドナウ川の上流とにはさまれた三角形の地域をも征服し、ゲルマン人の侵攻に備えてリーメスと呼ばれる長城を築いた。リーメスは中国の万里の長城などとは違って、それ自体はあまり堅固なものではなく、いわば警戒線のようなものであった。リーメスに沿って点々と監視塔が設けられていて、ゲルマン人が侵攻して来ると、いち早く警報を発し、後方の堅固な城塞に駐屯している部隊に知らせるという仕組みであった。

リーメスの構造は次のように変化した。まず最初は、深い森にかくれてゲルマン人が奇襲をかけてくるのを防ぐため、境界線に沿って広い帯状に森を切り開き、互いに見えるぐらいの距離を置いて木造の監視塔を設けただけであった。やがて木柵《もくさく》が設けられ、さらに木柵の後ろに空堀を掘ってその土を搔《か》き上げて土塁を築いたり、地域によっては簡単な石造の城壁を築いたりした。監視塔も木造から石造になり、ゲルマン人に攻撃されても援軍が到着するまで持ちこたえられるような、堅固なものになった。

それでも結局はゲルマン人の勢力のほうが強くなり、二六〇年頃にはリーメスの線は全面的に突破され、ローマ帝国の国境線はまたドナウ川まで後退した。

石造の監視塔の基部や、延々と続く空堀と土塁の跡などが今でも各地に残っている。

マインツ

大司教領の首都

ローマ人は、マイン川がライン川に合流する地点の対岸にこのあたり一帯を支配するための根拠地を設け、モゴンティーアクムと名付けた。これがマインツ Mainz の起源である。紀元前後にローマ帝国によるライン川沿岸地方の支配が確立された頃、このあたりは広大な属州ベルギカの一部とされていたが、一世紀末に属州ベルギカから分離して属州上《かみ》ゲルマニアが設けられ、モゴンティーアクムがその州都になって、後世大いに発展する基が開かれた。

ローマ時代の末期にマインツに司教座が置かれ、やがてそれが大司教座に格上げされたのも、右のような歴史の流れから見て当然のことであった。東フランク王国とそれを受け継いだドイツ王国の時代になると、マインツの大司教は宮宰《きゅうさい》の役割をつとめるようになる。後に選帝侯の制度ができたとき、マインツの大司教はその筆頭にあって選帝侯会議の議長をつとめる慣例が生じた。

マインツはその後ずっとマインツ大司教領の首都であったが、フランス大革命とナポレオンの時代にフランスに併合されて、大司教領の首都という特異な歴史を閉じる。そしてナポレオンの失脚後はプロイセン領に編入された。しかしマインツの観光は、大司教領の首都だったという歴史を抜きにして語ることはできない。

マインツに限らず、ドイツで司教領の首都だった所はたいていそうだが、旧市街のまんなかに途方もなく巨大なロマネスク式の大聖堂がそびえている。ロマネスク式で教会を新築することが流行し始めた一一世紀頃、司教領主は既に強大な財力と権力を持っていたので、思いきって大きなものを造ることができた。それに対し、商人の財力はまだ小さかったから、商業都市の場合には割に小規模なロマネスク式の教会で満足せざるをえなかった。そして一三世紀末から新たにゴシック式が流行し始める頃になると、商業都市も充分に力をつけていたので、今や貧弱に見えるようになったロマネスク式の教会をどんどん取り壊し、時代の先端を行くゴシック式の大きな教会に改築した。ところが司教領主たちは、既にロマネスク式の時代に巨大な大聖堂を造ってしまっていたので、今さら壊すわけにもいかず、細部を手直しする程度で終わったのであった。

ライン川をゆく船でマインツに上陸した場合は、市の中心に向かって少し歩いただけで、巨大なロマネスク式大聖堂の上部があたりの建物を圧するように姿を現す。鉄道で着いた場合は、駅前から路面電車に沿ってバーンホーフ通りBahnhofstrasse、次いでシラー通りSchillerstrasseを歩き、シラーの像がある広場から左へ歩行者天国に入ると、すぐに巨大なロマネスク式大聖堂、すなわちドームDomが見えてくる。

ロマネスク独特の六本の塔が競い立つ大聖堂

マインツの大聖堂はまわりを雑多な建物に取り囲まれているので、その全容をすっきりした形で眺めることはできない。午前中ならば東側のリープフラウエン（聖母）広場、午後ならば西南側のライヒホーフ広場からの眺めがまずまずだ。入口はぐるっと回って北側のマルクト広場からで、それも建物の間を入って行く形になっている。よそではたいてい一九世紀に入ってから重要な歴史的建造物の環境整理が行われ、大聖堂のまわりから雑多な建物が取り除かれたのだが、マインツは極めて保守的な土地柄で、ついに抜本的な整理は実現しなかったのだという。

ドイツのロマネスク式大聖堂はほとんどすべて二重袖廊《そでろう》式になっており、マインツの大聖堂もやはりそうだ。ふつうは図(a)のように袖廊は一つ、内陣も一つなのであるが、ドイツのロマネスク式大聖堂では図(b)のように東西にそれぞれ袖廊と内陣がある。

入口は図(a)のように西正面に開いているのがふつうなのだが、二重袖廊式ではそれができないので、北側廊か南側廊に開いている（内陣のわきに開いていることもある）。

このような二重袖廊式は、主としてドイツのロマネスク式大聖堂に見られる極めて特異な様式だ。そして、東西の袖廊の両端と中央部にそれぞれ一本ずつ、合わせて六本の塔が並び立つことになっている。塔は、袖廊の両端ではなくて内陣の両脇《りょうわき》に立てることもあるが、いずれにせよ塔の数は大小合わせて六本になる。そうすると、大聖堂全体の姿はどの方向から見ても非常に複雑かつ壮大で、威厳に満ちているという感じになる。宗教的な権威を誇示したいという司教領主の好みにはピッタリの造形であったのだろう。

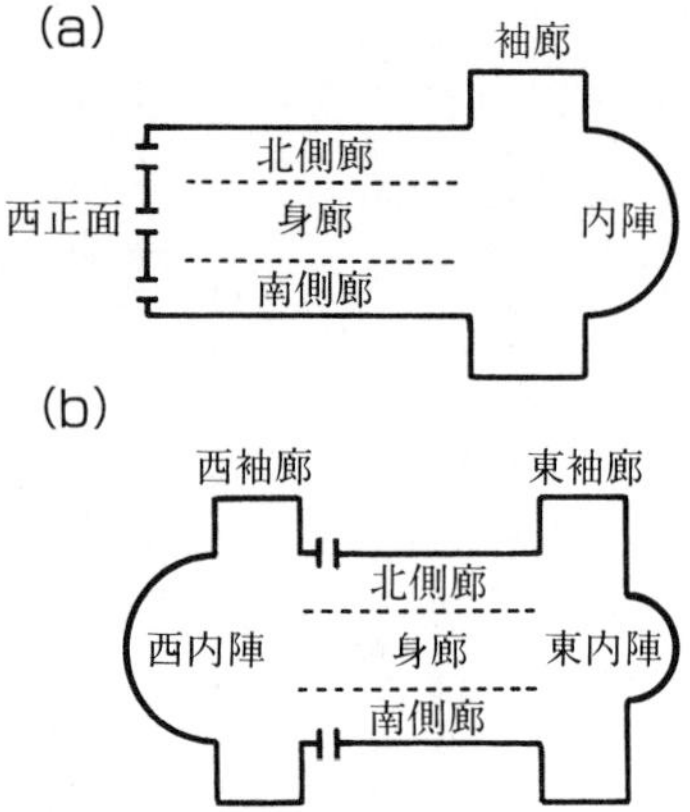

二重袖廊式プランの一例。袖廊と内陣の形は東西でそれぞれ違うのが通例。

マインツの大聖堂は九七五年に着工され、一二三九年にほぼ現在のような姿で完成を見た。ただ、西側の

ライヒホーフ広場から見たマインツの大聖堂

三つの塔の上部だけは一八世紀に火災で屋根が焼け落ちたあと、ゴシックにバロックを加味したような様式で改築された。それ以外はロマネスク時代のままで、戦後に行われた修復によって石材はだいぶ新しくなったけれども、窓の円頭二連アーチと、軒端《のきば》に並ぶロンバルド帯がロマネスク式の特色をよく伝えている。

マルクト広場側の入口から北側廊に入り、中央の身廊へと進む。身廊の左手にある東内陣は聖マルティンに、右手にある西内陣は聖シュテファンに捧《ささ》げられており、東西の内陣の端から端までは一〇九メートルもあって、非常に広々としている。建物の本体はロマネスク式で、柱にも窓にもほとんど装飾らしい装飾はなく、すがすがしい感じなのだが、柱や壁面の下部にあとから付け加えられた歴代大司教の墓標などがさまざまの時代様式を主張してひしめきあい、全体の調和を乱している。

南側廊の外には回廊があり、ここにも多数の墓標や彫刻がある。

大聖堂を出たら、すぐ東側にあるグーテンベルク博物館 Gutenberg Museum を覗《のぞ》いて行こう。グーテンベルクは当地の生まれで、一五世紀の中頃に金属活字による印刷術を大成させたことで名高い。博物館の地階には当時の印刷工房が再現され、グーテンベルクが使っていたのと同じ印刷機などが置かれている。彼が印刷した聖書の初版本をはじめ、印刷や製本に関するさまざまの展示もある。

大聖堂をまんなかにして南北約一キロの範囲が旧市街で、ほとんどの通りが歩行者天国になっており、しゃれた店が多くて散歩には楽しい所。第二次大戦中にひどく爆撃されたため、昔からの建物はほとんどが戦後に修復されたものであるが、それでも大聖堂の南の方にあるキルシュガルテン Kirschgarten（桜の園）という小さな広場など、木骨組の家々が並んでいて写真に良い。

グーテンベルク

本名はヨハン・ゲンスフライシュ。屋号からグーテンベルクと呼ばれるようになった。活版印刷術を大成させるという偉業を達成したにもかかわらず、グーテンベルクの生涯についてはよく分かっていない部分が多い。生まれたのは一三九四年から九九年の間で、父は名門の市民であった。

四〇歳の頃、マインツ市民の政争に巻きこまれてストラスブールに亡命している間に、活字による印刷術の開発に情熱を燃やすようになる。活版印刷のアイデアは既に前からあり、いろいろな人が試行錯誤をくりかえしていたらしいのだが、実用になる活字がどうしてもできなかったのだ。グーテンベルクの本職は金細工師で、それが活字鋳造《ちゅうぞう》に情熱を傾けるもとになった。

中国では既に七世紀唐の時代から、木版による書物の印刷が行われていた。グーテンベルクに先立つこと約八〇〇年である。中国でも木やニカワや金属で活字を作るというアイデアは生まれ、それが韓国に伝わり、一時は韓国で金属活字による書物の印刷が盛んに行われた。その技術は韓国から日本にもたらされ、家康の時代に書物の印刷に用いられたこともある。しかしＡＢＣと違って漢字は非常に数が多く、必要な活字をぜんぶ揃《そろ》えておくのにたいへんな手間と費用がかかった。そのため漢字文化圏では、結局は一枚ずつ版木を彫るほうが合理的だということに落ち着いたのであった。

ヨーロッパにも木版はあったが、図像や短文の印刷に使われただけであって、それで書物を一冊印刷するということには考え及ばなかったらしい。書物はすべて手で書き写したから、非常に稀少《きしょう》であった。中世ヨーロッパではもっぱら羊皮紙を使ったが、それ自体が高価であった上に、印刷には向いていなかった。印刷に好適な紙の製法がヨーロッパに伝わったのは一二世紀頃で、その後も長らく紙の値段が中国や日本などに比べると非常に高かったことも、木版があまり発達しなかった理由の一つである。

グーテンベルクが現れた一五世紀には、もう紙の供給については問題はなくなっていたが、彼がめざした金属活字による印刷については難問が次から次へと彼の前に立ちはだかった。まず第一に精密な活字として鋳造できて、しかも磨損に強い合金を作り出すこと。心血を注いで試作を繰り返した末に、彼はやっとそれに成功する。ところがその活字を組んで印刷してみたところ、字が不鮮明で使いものにならない。それまで一般に使われていた水性のインキをやめ、新しく工夫した油性のインキを使い、ワイン・プレスにヒントを得て万力の原理によるプレスを開発した結果、ようやくにして活版印刷術を実用の域にまでもっていったのであった。

グーテンベルクがこの技術を完成したのは一四五〇年頃で、その時はもうマインツに戻っていた。そして五二年から五六年頃にかけて、かの有名な『四二行聖書』の初版を出した。一ページが四二行になっているところからこの名がある。しかし彼は研究開発に資力と精力を使い果たし、事業化に当たって共同出資者になったフストと、技術をすっかり会得《えとく》した助手のシェッファーに発明の成果をほとんど持って行かれてしまうという悲運にあった。

ともあれ、活版印刷術はその後のヨーロッパの歴史に、はかり知れないほど大きな影響をもたらした。

ライン河谷

ラインの峡谷を行く船の旅

ライン川の中流地方で自然景観や古城の織りなす眺めが最もすばらしいのは、ビンゲン Bingen とコーブレンツ Koblenz の間約六〇キロである。このコーブレンツは、ライン川とモーゼル川の合流点に位置している。ふつうライン下りといえばこの区間を指し、多くの日本人がライン川についていだいているイメージも、このあたりの景色がもとになっている。ライン川は硬い片岩の山地を突破して北流し、両岸は高さ三〇〇メートルばかりの断崖《だんがい》や、急斜面をなしてそそり立っている。山地の上まで登ってしまうとかえって平坦《へいたん》な感じになるのだが、ラインの谷底から見上げると、高い山に刻みこまれた深い峡谷という趣がある。

しかも両岸には多くの古城があり、愛らしい町々があり、ローレライをはじめとする伝説の地があって、旅の興趣をいっそう高めている。まさにロマンティッシャー・ライン（ロマンチックなライン）の名にふさわしい。船の上から刻々と移りゆく美しい景色を眺め、悠然としてひとときを過ごすのは、言葉にいい尽くせないほどの楽しさである。

ライン河谷はワインの名産地でもあり、日当たりのよい斜面にはブドウ畑が続いている。船上のカフェ・レストランでワインの杯を挙げたり、岸辺の町でワインの酒蔵を訪ねたりするのも、ラインの旅の楽しみの一つ。夏から秋にかけて、あちらこちらの町や村で賑《にぎ》やかにワイン祭りが行われる。

ライン川の定期船は四月から一〇月まで（ごく一部の船は三月と一一月にも）、マインツとケルンの間で運航されている。そのうち最も人気が高く便数も多いのは、リューデスハイム Rüdesheim とコーブレンツの間だ。両岸とも鉄道が通じており、船も両岸にかわるがわる寄りながら行くので、鉄道と船を併用しての旅であれば、自分の都合のいいように乗・下船地を選ぶことができる。一般的には、フランクフルト方面からであればリューデスハイム乗船が便利だ。リューデスハイムを出ると、船は次に対岸のビンゲンに寄航する。ハイデルベルクやマインツ方面からであれば、ビンゲン乗船が便利である。

ただ、夏のハイシーズンには、上甲板のふち、すなわち眺めがいちばん良くて写真を撮るにもベストの場所がよくふさがってしまう。その意味では、始発のリューデスハイムで乗船するほうが良いという場合もある。しかし船内にはスペースが充分あるから、上甲板のふちに席を占めるということにこだわらないのであれば、どこで乗船しても同じである。

リューデスハイム、コーブレンツ間は、下りで三時間半から四時間近くかかり、上りでは五時間半かかる。時間があまりないときはリューデスハイムまたはビンゲンで乗船し、ローレライを過ぎた直後にザンクト・ゴアースハウゼン St. Goarshausen またはザンクト・ゴアー St. Goar で下船するというプランがいちばん良い。この間は船で約二時間である。同じ区間でも逆にライン川を上ると三時間近くかかる。

すばらしいライン下りのなかでもビンゲンとローレライの間はとりわけすばらしいので、少なくともこの区間さえ船で行けば、ライン下りのエッセンスを味わったということができる。

ライン川

ライン川は長さ一三二〇キロで、ドナウ川（二八六〇キロ）には及ばないけれども、昔から交通、産業、文化の発展に大きく貢献してきたという点では、中央ヨーロッパ随一の大河である。流域面積は二二・四万平方キロで、日本の本州の面積にほぼ等しい。

ライン川の源流は、スイス・アルプスに発するいくつもの川というほうが事実に合っているのであるが、それらのなかでも特にフォルダーライン（前ライン）川がローマ時代の昔から本源とされてきた。フォルダーライン川はゴットハルト峠の東北方、氷雪を戴《いただ》く峰々に囲まれた海抜二三四四メートルのトーマ湖から流れ出ている。そしてヴァルザーライン川、ヒンターライン（後ライン）川などの支流を合わせ、スイスとリヒテンシュタイン、オーストリアの間を流れてボーデン湖に入る。

ボーデン湖の水量はライン川の年間流入量の四、五倍もあり、上流で大雨と雪解けが重なった時などの調節役を果たしている。ライン下りをすると、岸辺に点々とキロ数表示板を見かけるが、これはボーデン湖の湖尻《こじり》にあるコンスタンツでライン川が流れ出ている地点からのキロ数だ。

スイスにもコーブレンツという町がある。ここでライン川は、スイスの多くの川の水を集めてきたアーレ川と合流し、流量は一挙に倍以上になる。アーレ川の上流にも中小の湖がたくさんあって、やはり流量調節の役割を果たしている。ローマ人が川の合流点のことをコンフルエンティアと呼んだのが、コーブレンツという地名の起源。そんなわけでスイスとドイツにコーブレンツという同名の町ができた。

ライン川が本格的に水運に用いられているのは、ドイツ、スイス、フランス三国の国境に位置しているバーゼルからで、二〇〇〇トン級の船が航行できる。このあとライン川には大きな支流がいくつも加わってきて流量が増し、ケルンからは四〇〇〇トン級の船が航行できるようになる。支流のネッカー川、マイン川、モーゼル川、ムーズ（マース）川なども船の航行が可能であり、このようなラインの水系は運河によってローヌ川、セーヌ川、ヴェーゼル川、エルベ川、オーデル川、ドナウ川などとも結ばれているため、内陸水路としてのライン川の役割は絶大だ。河口の近くにあるロッテルダム港は、ヨーロッパ最大の荷扱量を誇っている。

ライン川は国際河川で、どの国の船でも自由に航行できる。たいていの船は国旗をかかげており、見ているとドイツのほかにスイス、フランス、ベルギー、オランダの船もけっこう多いことが分かる。

ライン川のクルーズ

ライン川の船旅はふつうは日帰りで行うが、そのほかに船上で宿泊しながら何日もかけて行うクルーズもある。バ

ライン川のクルーズ船

ーゼル、ロッテルダム間で下りは三日間、上りは四日間というのが標準のコース。そのほかにモーゼル川にも入ったり、マイン川から運河を通ってドナウ川に入り、ウィーンまで行くコースなどもある。途中でしばしば停まっては上陸して、観光や自由行動の時間を取り、船上では毎晩趣向を変えてパーティが行われ、日数は短くても、楽しい思い出がたくさん残るような旅になっている。

温泉保養地ヴィースバーデンと古城の町エルトヴィレ

フランクフルトからリューデスハイムへの途上に、温泉保養地として世界的に名高いヴィースバーデン Wiesbaden がある。ローマ時代から温泉で知られ、植込や花壇が美しいクーアパルク Kurpark を中心として、豪華なクーアハウス Kurhaus、劇場、ホテルなどが並んでいる。

ヴィースバーデンからリューデスハイムまでの間はラインガウと呼ばれ、ドイツで最高のワインを産する地域として知られている。このあたりではライン川は東西方向に流れており、右岸にあたるラインガウの南斜面はたっぷりと太陽の光を受け、ライン川からの照り返しも強い。しかも北側にはタウヌス山地があって寒気を防いでおり、水はけのよい土質とあわせて、ワイン造りのためのブドウ栽培には絶好なのだ。

エルトヴィレ城

ライン川のほとりに、高い城の塔が見えてきたらエルトヴィレ Eltville である。この城は方形の外郭に囲まれ、一方は直接ライン川に面し、他の三方は堀で囲まれた水城で、一四世紀の初めに築かれ、マインツ大司教の居城になっていた。当時の大司教はマインツ市民に対し強圧的な態度で臨み、市民と衝突を起こすことも多かったので、マインツ市内は必ずしも居心地のいい場所ではなかったのだ。活版印刷術を大成したのに晩年は不遇だったグーテンベルクは、大司教アードルフ・フォン・ナッサウから廷臣の地位を与えられて、この城に住んでいた。城の外郭は三十年戦争の時にひどく破壊されたが、塔は健在で、今ではグーテンベルク記念館になっている。ライン川をゆく船の上から眺めても、この塔はたいへん印象的だ。

もう一つの見どころは町の教会である。最古の部分は一二世紀に造られたロマネスク式、あとは一四世紀から一六世紀にかけて造られた後期ゴシック式で、規模は大きくないけれども非常に美しい。鐘楼の内壁には一五世紀に描かれた見事な壁画が残っており、四福音書記者のシンボルが刻みこまれている洗礼盤、聖母像などとともに、後期ゴシック時代の貴重な文化財である。

教会のまわりはささやかな旧市街で、古風な石造や木骨組の家々、そして中世城壁の一部や城門なども残っていて風情《ふぜい》がある。

銘醸ワインとロマネスク建築で名高いエーバーバッハ修道院

エルトヴィレを出るとラインガウのワイン産地として知られるエアバッハ Erbach、ハッテンハイム Hattenheim、エストリッヒ Östrich、ヴィンケル Winkel などの村々がライン川に沿って並んでいる。ワインの銘柄は産地名によって表されるので、ラインガウのワインに関心がある人ならみなどこかで聞いた覚えのある地名ばかりだ。

途中で一カ所だけちょっと寄って行くのであれば、ハッテンハイムが良いのではなかろうか。村の中心にある小さな広場を囲んで趣深い村役場や木骨組の家々があり、一一一八年に造られた古城の塔も残っている。ワイン酒場風のカフェ・レストランでホイリガー（ワインの新酒）を飲んでみよう。

ラインガウで時間を取ることができるのであれば、ぜひ訪ねたいのが元エーバーバッハ修道院 Kloster Eberbach だ。ハッテンハイムから山手に入った所にあり、浅い谷間の一画を占めて、今なお一二世紀以来の城壁で囲まれた敷地内に、さまざまの建物が並んでいる。

この修道院は、一一三五年にシトー会の修道士によって創立された。中核をなしている建築群は一二世紀から一四世紀にかけて造られ、様式はロマネスクからゴシックに及んでいる。一切の虚飾を排するというシトー会の理念が貫かれているため、どの建築も簡素でしかも力強い感じに満ちている。長さ七二メートルもあるドルミトリウム（修道士の共同寝室）は、ことに印象深い。昔からワインの醸造が行われてきたという歴史を物語るように、多数の古風なワインプレスやワインの大樽《おおだる》などが置かれている。

シトー会では、修道士は祈りと労働に徹すべしという主義を厳格に守った。労働によって自らの生活を支え、さらには修道院が行うべきいろいろな宗教活動や慈善事業をも支えていこうという考え方である。そのためには、限られた労働力でなるべく多くの収益をあげる必要があった。ここラインガウではそういう目的に最も適した労働は、ブドウ栽培とワイン醸造であった。

修道士たちはシトー会の本拠であるフランスからすぐれた技術を持ち込み、やがてラインガウで最も優秀なワインを醸造するようになる。そしてまわりの農民たちにも技術を伝授してやったから、エーバーバッハ修道院はブドウ栽培とワイン醸造の技術センターのような役割をも果たすようになり、ラインガウのワインの名声を高めるのに大きく貢献した。

最盛期には修道士と俗人会員を合わせて約三〇〇人がこの敷地内に住み、病院や学校まで備えていた。俗人会員、ドイツ語でライエンブルーダー Leienbruder（世俗の兄弟という意味）とは、シトー会の趣旨に賛同して活動に参加した人たちである。修道士と違って祈りの日課はゆるやかであり、俗世間での仕事を兼ねることもできたから、修道院でできた銘醸ワインを売りさばいて資金に換える仕事は、主として俗人会員が受け持った。

一八〇三年にナポレオンの差し金で修道院は解散させられてしまった。ワイン造りの技術については、既にラインガウ全体が高い水準に達していたから問題はなかったが、貴重な歴史的建造物の数々が倉庫などに使われて荒れるという結果になった。今ではすべて修復され、国立ラインガウ・ワイン醸造所が管理している。

カール大帝伝説に彩《いろど》られたヨハニスベルガー

名酒が多いラインガウにあっても特に名酒の誉れが高く、ラインワインの王と呼ばれているのがヨハニスベルガー Johannisberger、すなわちヨハニスベルク Johannisberg で産するワインである。

ヨハニスベルクは、ヴィンケルの少し先にある小高い丘で、頂上にはヨハニスベルク城、西北麓《せいほくろく》にヨハニスベルク村がある。城は今でもメッテルニヒ家が所有し、観光客に公開されているのはテラスの一部だけだ。テラスではラインガウを一望の下に眺め渡しながらアウスシェンク Ausschenk を飲むことができる。アウスシェンクとは「注ぎ出し」という意味で、熟成途中のワインを樽から直《じか》に注ぎ出したもの。というわけで、ここは城館の中まで入れるわけではないから一般観光向きではなく、ワイン愛好派向きである。

ヨハニスベルクは、カール大帝の伝説と深く結び付いている。ライン川の対岸（左岸）から少し山手へ寄った所のインゲルハイム Ingelheim にはフランク王国の時代から城があり、カール大帝はそこで生まれた。彼はライン河谷の風光を愛してしばしばインゲルハイムの城に滞在し、豪族たちを呼び集めて会議を開いたりした。

早春のある日、彼はライン川のかなたに見えている小高い丘の斜面だけが、まわりと違って雪が解けてしまっているのを発見。そこがブドウ栽培の好適地ではないかというアイデアが閃《ひらめ》く。そこで早速と家臣をオルレアンにつかわし、ブドウの苗木を求めさせた。カール大帝はワインが大好きで、かつてオルレアンで飲んだ美酒の味が忘れられなかったのだ。苗木が届くと、彼は家臣たちを連れてその丘、つまり後年ヨハニスベルクと呼ばれるようになった丘に行き、あたりの農民たちに呼び掛け、彼自らも土を掘ってブドウの苗木を植えた。三年たって最初のワインができたが、期待にたがわぬすばらしい風味だったと伝えられている。

事実はカール大帝の没後、九世紀の中頃にフルダから来たベネディクト会の修道士が、ここでブドウ栽培とワイン醸造を始めたらしい。一一世紀には丘の上に修道院ができて、ヨハニスベルク（ヨハネの山）と名付けられた。その後修道院は廃止され、一八世紀に領主のフルダ司教が、バロック式の城館に改築した。

ナポレオン戦争の渦中《かちゆう》でフルダ司教領は取り潰《つぶ》され、一八一五年のウィーン会議でこの地方一帯はプロイセン領になったが、ヨハニスベルク城とその付属のブドウ畑はハプスブルク家のものになり、ウィーン会議での最大の功労者だった宰相メッテルニヒに下賜《かし》された。メッテルニヒ家では今でも旧主の恩義を忘れず、この城でできる銘醸ヨハニスベルガーの一割を、ハプスブルクの家の子孫たちに送り届けているという。

なお、ヨハニスベルクにまつわる伝説の真偽はともかくとして、カール大帝がライン河谷でのブドウ栽培の普及に力を尽くしたことは事実らしい。ライン河谷に初めてブドウ栽培とワイン醸造の技術をもたらしたのはローマ人であるが、ゲルマン民族の大移動に始まる数百年の混乱の時代を経て、カール大帝の頃には、やっとまたブドウの作付増加やワイン醸造技術の改良に取り組める時世になったのであろう。

ヨハニスベルク以外にも、ライン河谷にはワイン造りとカール大帝にまつわる伝説が各地にある。そして毎年ブドウの花が開いて、いい匂《にお》いがライン河谷に立ちこめる頃になると、カール大帝の霊がそれをかぎつけてアーヘンにある廟墓《びょうぼ》から抜け出し、夜な夜なライン河谷のブドウ畑をめぐっては祝福を与えると信じられてきた。カール大帝はワイン造りの守護聖人扱いなのである。

インゲルハイムからビンゲンへ

前記のように、ハイデルベルクやマインツ方面から来てライン下りを行うには、ビンゲン乗船が便利だ。その際、マインツからビンゲンへの途中で高速道路を降り、旧街道（国道41号線）に入るとインゲルハイムを通る。フランク王国の時代から城があったということだが、今では小さな田舎町である。

カール大帝ゆかりの城を、一〇世紀にはオットー大帝をはじめとするザクセン朝の皇帝たちが、そして一二世紀にはシュタウフェン朝の皇帝フリードリヒ・バルバロッサが拡充につとめ、カイザープファルツ（皇帝の城）と呼ばれるようになった。今では、城の大広間があったという建物の一部が残っているだけだ。ほかにはフリードリヒ・バルバロッサの時代にできたロマネスク式の礼拝堂の塔が、後世に造られたゴシック式の教会に組み込まれ、鐘楼として使われている。城壁の大部分は健在で、規模はあまり大きくはないが、非常に古さびた趣があって写真に良い。

インゲルハイムを出るとビンゲンはすぐである。ビンゲンはナーエ川がライン川に合流する地点に位置し、交通の要地だ。町のすぐ後ろの高台にクロップ城 Burg Klopp がそびえているが、ローマ人がここに城塞《じょうさい》を設けてビンギウムと名付け、麓《ふもと》の河岸に人が集まり住むようになったのがビンゲンの起源だ。クロップ城の基礎部分や、城内にある深さ五二メートルの井戸などはローマ時代のものだという。

中世以来、ビンゲンはマインツ大司教領だった。大司教の手勢がこの城を固めていて、後ほど説明する対岸のエーレンフェルス城や川中島のモイゼ塔と呼応し、ライン川を上下する船やナーエ川の橋を渡る旅人から関銭を取り立てていた。

クロップ城はライン河谷にある他の多くの城と同じように、一六八九年のプファルツ継承戦争の際にルイ一四世のフランス軍によって破壊され、一八七五年に再建されて、今では郷土博物館になっている。

ワインの町リューデスハイム

話はまたライン川の右岸に戻って、前記ヨハニスベルクの次はリューデスハイムである。昔からワイン造りとワインの取引で栄えてきた町で、古風な家並みがそっくり残っている狭い通りに沿って、たくさんのワインの店や酒場風レストランがひしめいている。なかでも人気が高いのは、ドロッセルガッセ Drosselgasse（つぐみ小路）という横丁だ。この横丁に入るとなぜか心が浮き浮きしてくる。写真を撮るにもいろいろと面白い題材が得られる。

町の西端には一〇世紀に造られたブレムザー城 Brömserburg があり、今ではワイン博物館になっている。古来のワイン造りの道具類やワインプレス、ワイン

リューデスハイムのドロッセルガッセ

ライン川沿いの斜面に広がるブドウ畑。右上にニーダーヴァルト記念碑が見える

グラスなどが多数あって、ワインに関心の深い人には必見の場所だ。

　町の背後から、はるかの丘の上に見えているニーダーヴァルト記念碑 Niederwald-Denkmal に向かって登って行くロープウェーが出ている。開放型の小さなゴンドラがたくさん付いている方式で、写真を撮るのにもってこいだ。ブドウ畑を眼下に眺めながら登ってゆくうちに、ライン川が視界いっぱいに広がってくる。この記念碑は一八七一年のドイツ再統一を記念して造られ、一八八三年に完成した。ドイツを象徴する女神ゲルマーニアの巨像が立っており、像の高さは一〇・五メートル、台座の高さは三七・六メートルもある。台座に取り付けられている群像は皇帝ヴィルヘルム一世、宰相ビスマルク、そして帝国の将兵たちだ。このように記念碑自体は軍国主義まるだしで感心しないが、眺めのすばらしいことは抜群である。

リューデスハイムは、ライン下りの出発点として最もよく利用されている。私たちもここで乗船して、ライン下りを楽しむことにしよう。売店でライン川の絵地図を買っておくと、両岸の町や城などが全部出ており、キロ数表示付きで説明も添えられているので、非常によく分かる。これらのキロ数は前記のようにボーデン湖の流出口からの距離であり、両岸の各所に表示があるから、絵地図の表示と照らし合わせると、船が今どこにいるのか、今見えている城や町は何というのかというようなことの見当がつく。

ビンゲンの「ねずみ塔」

強欲なマインツ大司教の伝説

船は対岸のビンゲンに寄ったあと、すぐにビンガー・ロッホ Binger Loch（ビンゲンの穴）と呼ばれる難所にさしかかる。絵地図はデフォルメされているのでそう感じないのだが、ライン川はビンゲンの先で大きく湾曲し峡谷に入ってゆく。水は渦を巻いて流れ、昔は各所に暗礁《あんしょう》があって船がよく難破した。

それで船頭たちは魔性の者に水底に引きこまれると言って恐れ、ビンゲンの穴と呼んだのであった。

下りの方が操船が難しくて危険だったから、リューデスハイムで積み荷を下ろし、陸路すぐ下流のロルヒまで運び、そこでまた船に積むということも行われた。リューデスハイムが商業で繁栄した一因もそこにあった。

ビンガー・ロッホにさしかかると、右手の岩山にエーレンフェルス城の廃墟《はいきょ》、左手の川中島に黄色いモイゼトゥルム Mäuseturm（ねずみ塔）が見えてくる。どちらもマインツ大司教の持ち城で、ビンゲンにあるクロップ城と共にライン川を上り下りする船に睨《にら》みを利《き》かせ、関銭を徴収するのに使われていた。

モイゼ Mäuse は、ねずみの複数形である。九六八年にマインツ大司教になったハットー二世はたいへんに冷酷な男で、しかも権力欲に燃え、野望実現のために財力を蓄えようとして領民に重税を課し、また川中島に塔を築いて、ライン川を行く船から関銭を取り立てることにしたと伝えられている。たまたま天候不順で、穀物の実《つ》りが極端に悪い年があった。大司教は家来たちに命じて穀物を買い占めさせ、値を吊り上げておいてから売りに出した。

貧民は穀物を買うことができず、飢え死にしそうになって「何とかお助けください」と大司教に願い出た。膝《ひざ》をついて哀願している大勢の男や女や子供たちを見て、大司教は「ひもじくないようにしてやろう」と言い、家来に命じて大きな納屋《なや》の中へ案内させた。

が、納屋の中には何も食糧はなかった。大司教は納屋の扉を閉じて外へ出られないようにし、火をつけさせた。燃えあがる納屋の中から悲鳴が聞こえてくる。「ふん、ねずみどもはまだ何か欲しがってチューチュー鳴いとるわ」と大司教。

その時である。燃える納屋からねずみの大群が走り出て来て大司教に襲いかかった。家来たちと一緒に叩《たた》き殺し、叩き殺ししてもねずみの数は増えるばかり。たまらず船に乗って川中島の塔へ逃げこんだが、ねずみの大群は島に泳ぎ渡り、大司教を生きたまま肉を食いちぎり、血をすすりして、とうとう白骨だけにしてしまった。

というのが伝説であるが、ハットー二世は実在した人物だ。そしてモイゼ Mäuse という塔の名は、実際にはねずみの複数形からではなく、関所を意味するマウト Maut から来ている。それにしても、マインツ大司教が高位聖職者にあるまじき無慈悲で強欲な人物だと思われていたことが、この伝説からも分かる。

一九七五年までこの塔は船の信号所になっていた。危険な暗礁が除去されたあとも、やはりここは流れが速く、大きくカーブしていて見通しが悪く、上り下りの船に対していろいろと信号を送ってやることが必要だったのである。

木骨組の家々が魅力的なバッハラッハ

山上に次から次へと姿を現す古城を眺めたり、行きかう船の人々とエールを交わしたりしているうちに、船はリューデスハイムから一時間ほどで左岸のバッハラッハに接岸する。ライン下りはまだまだ先があるのだが、途中下船してライン河畔の小さな町で一泊して行こうかという人には、バッハラッハはおすすめしたい町の一つ。

シュタウフェン家の皇帝フリードリヒ二世（在位一二一二～五〇年）は学があり、バッハラッハ Bachrach の名はラテン語 bacchi ara（バッカスの祭壇）に由来するという説を立てた。ローマ時代にここに酒神バッカスの祭壇があったからだというわけ。ほんとにそうだったのかどうかはともかくとして、ワインの名産地にふさわしい地名由来である。

船から眺めると、山上にシュターレック城 Burg Stahleck（鋼角城）の勇姿が望まれ、麓の町は今なお城壁で囲まれていて、城壁の続きは山の斜面にまで這《は》い登っているのが見える。城壁のあちらこちらには高い塔があり、その数は七つにも及ぶ。誰でも途中下船してみたいという思いに駆られるロマンチックな情景だ。

バッハラッハのアルテス・ハウス

船を降りて城壁の塔門をくぐり、メルヘンの世界から抜け出て来たような木骨組の家々が並んでいる町を歩き回ると、来てよかったという思いが胸に広がる。小さなマルクト広場に面しているアルテス・ハウスAltes Haus（古い家）という名の木骨組の家はことに姿形が面白く、一五六八年という建築年数が壁に描かれている。どの家も屋根は風雅な天然スレートだ。ライン河岸沿いの城壁の上をずっと歩くこともできる。この城壁と七つの塔は、一四世紀に築かれたままである。

歩くのが好きな人は、シュターレック城まで登ってみよう。このあたり一帯はプファルツ伯領で、この城もプファルツ伯の持ち城の一つだった。記録に初出するのは一一三五年である。三十年戦争の時に破壊され、そのあと修復されて間もなく、一六八九年にまたルイ一四世のフランス軍によって破壊された。そして一九二七年に再建され、一部はユースホステルとして使われている。

城へ登る途中に、未完に終わった後期ゴシック式のヴェルナー礼拝堂（一二九四年着工）が、華麗な石造の籠《かご》のような姿を残している。教会に興味がある人は、前記のマルクト広場にあるザンクト・ペーター教会を覗《のぞ》いてみるとよい。一一〇〇年頃にできたロマネスク式の部分と、後年に増改築されたゴシック式の部分が混じり合っており、ゴシック式の壁画も残っている。

昔ながらの家並みを見るのが好きな人には、教会のそばから城山を左に見て谷間の道を進み、シュテーク Steeg という集落を訪ねることをおすすめしたい。すばらしい木骨組の家々がたくさん並んでいる。歩いて一五分ぐらいだ。

川中島のプファルツ城と山上のシェーンブルク城

バッハラッハを出ると、間もなく川中島にきれいな城が見えてくる。ふつうはプファルツ城と呼ばれているが、正しくはプファルツグラーフェンシュタイン Pfalzgrafenstein という。「宮廷伯の石」という意味。城の名には石とか岩が付くこと

プファルツ城とグーテンフェルス城（左上）

が多い。ライン川を通る船からの関銭徴収を確実にするため、プファルツ伯が一三二五年頃から築き始めた城である。最初はまんなかの五角形の塔だけだったが、後に船のような形をした堅固な外郭が付け加えられ、「石の船」という異名を取るに至った。

非常に写真うつりの良い城で、かなりの速さでライン川を下って行く船の上から、分秒刻みで変化するこの城の姿をカメラにおさめるのはたいへん楽しい。

なお、右岸のカウプ Kaub から、この城を見学するための渡し舟が出ている。カウプの山上には一二〇〇年頃に造られたグーテンフェルス城がそびえており、今ではホテルになっている。

カウプを過ぎると、こんどは左岸の高い所にシェーンブルク城 Schönburg が見えてくる。城の名は「麗《うる》わしの城」という意味だ。一〇世紀頃に築かれ、一四世紀に大拡張されたあと、ルイ一四世のフランス軍に破壊され、一八八五年にある程度まで修復されたという歴史を持つ。一部はユースホステルとして使われ、それ以外はホテルになっている。この城へは後ろから回りこんで車で登ることもできるし、ライン河畔のオーバーヴェーゼル Oberwesel から歩いて登ることもできる。巨大な城壁が半ば廃墟と化したままで残っており、ほんとうに古城らしい古城という感じが横溢《おういつ》している城館ホテルだ。

オーバーヴェーゼルは、ライン河谷で中世城壁が最もよく残っている町として知られている。城壁には大小合わせて一八の塔が並んでおり、船の上からもよく見える。

ハイネの詩に名高いローレライの岩

オーバーヴェーゼルを出て数分後、右岸をえぐるように大きく弧を描いて流れるライン川の行く手に、右岸から黒々とした低い岩山が突出しているのが見えてきたら、それがローレライだ。この岩山の突端全体がかの有名な「ローレライの岩」なのである。高さ一三〇メートルあまりの岩壁が屏風《びょうぶ》のようにそそり立っているので、近くまで行くとまったく絵にならない。カメラにおさめる好機はやや遠くから、「ローレライの岩」全体が岬のように見える時。カメラを構える好所は船首の近くである。「ローレライの岩」が真正面から迫ってくる時がチャンスで、斜め前まできた時はもう遅い。

ローレライに近付くと、船内のラウドスピーカーから『ローレライ』の歌が流れる。しかし、歌が始まってからでは遅きに失する。いい写真を撮るには、その前から行動開始である。

ローレライは非常に硬い珪岩《けいがん》の山塊で、ライン川はこれを浸食しきることができず、急に向きを変え、川幅は一一〇メートルあまりに押し狭められて、激流をなしている。今では爆破され除去されてしまったが、昔は水中に岩礁がいっぱいあって、大変な難所であった。船頭たちは経験とカンを頼りに激流に船を進めたのであるが、夕日がローレライの岩を赤く染める頃は、川面《かわも》にも夕日がきらめいて船頭の目測を誤らせ、岩礁に乗り上げて難

右手の岩山の突端がローレライの岩

破することが多かったところから、こういう伝説が生まれたといわれている。

ローレライの絶壁ではまた不思議なエコーが生じるため、「魔性の者が岩の上から呼びかけてくる」と、昔から船頭たちに恐れられていた。

伝説では、夕映えの頃になると美しい乙女が岩の上に立ち、白い衣を風になびかせながら、黄金の櫛《くし》でブロンドの髪をすき、美しい声で歌いかけて船頭を迷わせ、岩礁に乗り上げさせるのである。

小塩節著『ライン河の文化史』によれば、ローレライの語源はローレが「見る、うかがう」、ライが「岩」で、つまりはライン川を「展望する岩場」という意味から来ているそうだ。ローレライを過ぎると、船はまず左岸のザンクト・ゴアーに、次いで右岸のザンクト・ゴアースハウゼンに接岸する。

ハイネとローレライ

ハインリヒ・ハイネ（一七九七〜一八五六年）は、デュッセルドルフでユダヤ人商人の子として生まれた。一八二七年に『ローレライ』などを収めた抒情詩集《じょじょうししゅう》『歌の本』を出し、文名一時に高くなる。しかし、体制批判的な思想の故《ゆえ》に故郷にいられなくなり、かねて憧《あこが》れていたパリに移って、貧窮のうちに死んだ。『歌の本』に収められている詩はみな民謡の形式を取っており、誰にでも親しまれやすいところから、シューベルトやシューマンなどが曲を付け、世界中の人々に愛唱されるようになった。ジルヒャー作曲の『ローレライ』はことに名高い。

日本では「なじかは知らねど、心わびて……」という歌詞でよく知られているが、歌詞はシラブルの数を合わさねばならないという制約があるため、原詩よりはやや簡略化されている。ローレライの伝説を歌い上げたハイネの原詩を、片山敏彦の全訳で味わってみることにしよう。

わが心かく愁《うれ》わしき　その故《ゆえ》をみずから知らず。
いと古き世の物語、わが思うこと繁《しげ》し。
夕さりて風はすずしく　静かなりライン河。
沈む日の夕映《ゆうばえ》に　山の端《は》は照りはえつ。
巌《いわお》の上《え》にすわれるは　うるわしき乙女かな。
こんじきに宝石《いし》はきらめき、こんじきの髪梳《す》く乙女。

金《きん》の櫛、髪を梳きつつ　歌うたうその乙女、
聞ゆるは、くすしく強き　力もつその歌のふし。

小舟やる舟びとは　歌聞きて悲しさ迫り、
思わずも仰ぎ眺めつ。乗り上ぐる岩も気づかず。

舟びとよ、心ゆるすな、河波に呑《の》まれ果てなん。
されどああ歌の強さよ、甲斐《かい》あらず舟は沈みぬ。

この詩には深い寓意《ぐうい》がこめられており、ローレライの伝説にことよせて、報われぬ恋に、そうとは知りつつ身を破滅させてしまう男の悲しみが歌われている。

ザンクト・ゴアーでは、ラインフェルス城 Burg Rheinfels が高台の上にそびえている。「ラインの岩」という意味。一二四五年に築城が始まり、たびたびの増築を経て、ライン河谷では屈指の壮大な城になった。一七九四年にフランス革命軍の手に落ちて、だいぶ破壊されたが、ライン川の眺めとともに写真に絶好だ。城塞博物館として公開され、外郭に新築された居館《きょかん》はホテル・レストランになっている。

モーゼル河谷

コーブレンツからモーゼル・ワイン街道へ

モーゼル川は、フランスのヴォージュ山地に源を発してロレーヌ地方を縦断し、ルクセンブルクとドイツの国境を流れてからドイツに入り、コーブレンツでライン川に合流する。

モーゼル川は古代から水運に利用されてきた。ワインの樽《たる》を満載してモーゼル川を行く船を表したローマ時代の石彫が、トリーアの博物館にある。今では途中の一二カ所にダムと水門が設けられて、一五〇〇トン級の船がフランスのティオンヴィルまで遡航《そこう》できるようになっている。しかし、ライン河谷と違ってモーゼル河谷はまだそれほど工業化が進んでいないため、モーゼル川を行く貨物船の数はあまり多くない。

旅をする者の側から見ても、ライン河谷に比べてモーゼル河谷の方がぐっと田舎っぽくて、のんびりしている感じだ。河岸の平野や日当たりの良い斜面はどこもかしこもブドウ畑で、さすがはワインの名産地という気がする。コーブレンツからトリーアを通ってフランスとの国境の町パールまで、うねうねと蛇行するモーゼル川に沿ってゆく旧街道は、モーゼル・ワイン街道と呼ばれている。

まずコーブレンツであるが、ローマ時代の昔から現代に至るまで、交通と軍事の要衝として重視されてきた。ラテン語で「流れが合わさる所」を意味するコンフルエンティア confluentia が市名の起源であることは、前にも述べた。中世にはトリーア大司教領になり、フランス大革命のあとフランス軍に占領され、ウィーン会議でプロイセン領に編入された。この点はモーゼル河谷はみな同様である。

このようにコーブレンツは、ローマ時代以来の長い歴史を持つ町であるが、戦災がひどかったため古都の面影はほとんど残っていない。観光名所は、ライン川とモーゼル川の合流点ドイッチェス・エック（ドイツの角《かど》という意味）と、ライン川の対岸の高台にあるエーレンブライトシュタイン城 Festung Ehrenbreitstein である。ドイッチェス・エックを散歩してから、フェリーでライン川を渡り、三〇〇メートルほど歩いてゼッセルバーン Sesselbahn（チェアリフト）に乗り、エーレンブライトシュタイン城に登る。

この城は一〇世紀末に築かれ、一六世紀の農民戦争や宗教紛争以来、トリーア大司教が増強工事を重ねて、難攻不落の大城塞《じょうさい》に仕立てあげた。その後たびたび攻囲されても頑としてはね返していたが、一七九九年にフランス軍の兵糧《ひょうろう》攻めにあってついに陥落し、破壊されてしまった。いま城郭の中にある大きな建物は、プロイセンがネオクラシック式で造り直したもので、建物だけに限っていえば古城としての魅力はない。すばらしいのは眺望で、ライン川、モーゼル川、ドイッチェス・エック、そしてコーブレンツの町が一望の下だ。

絵地図を片手に美しい風景を楽しみながら

コーブレンツあるいは途中のどこかで、モーゼル河谷の絵地図を買うとよい。ライン下りの絵地図と同じように細長くて、お経のように折りたたんであり、両側には沿岸の主要な町や城などの写真と簡単な説明が付いている。ライン川との合流点からのキロ数も示されている。

もう一つ興味があるのは、絵地図のかたわらに小さなイタリック（斜字体）で記入されているワインの銘柄のリストだ。ワインの銘柄は村の名、特定のブドウ畑の名、城館や修道院の名などで表示されるが、モーゼル河谷の有名なワインの銘柄がぜんぶこのように絵地図の中に記入されているのは、たいへん便利である。銘柄の名称と場所との関係が一目で分かる。

例えばピースポルト Piesport という村の右わきには、ピースポルター・ゴルトトレプヒェン Piesporter Goldtröpfchen という銘柄の名が記されている。「ピースポルト村でとれる黄金の小さなしずく」という意味。名酒が多いモーゼル・ワインのなかでも極めつけの名酒である。モーゼル・ワインはぜんぶ白であるが、特にこのピースポルトの白ワインは黄色味を帯びた輝かしい色あいがしばしば黄金にたとえられ、風味や香りのすばらしさとあいまって、「黄金の小さなしずく」という詩的な名が生まれたのだ。

春から夏にかけてのモーゼル河谷は、一面に広がっているブドウ畑のみずみずしい緑が目に鮮やかだ。秋になるとあちらでもこちらでもブドウの収穫風景が見られ、やがてブドウ畑は黄葉の美しい衣をまとう。街道沿いの小さな町や村はぜんぶワインの産地だ。家々にはよくワイン・ボトルの形をした看板が出ていて、「ワインコステン Weinkosten（ワインの試飲）をどうぞ、産地直売のワインはいかが」などと書いてある。

ワイン酒場風のレストランも多く、ときにはウナギの絵を描いた看板も見受けられる。モーゼル川はウナギの名産地なのだ。ウナギは燻製《くんせい》にしたり、ぶつ切りにして香味野菜と共に白ワイン・ソース煮にしたりする。

華やかにそびえるコッヘムの古城

モーゼル・ワイン街道沿いには古城が多い。コーブレンツを出て高速道路の陸橋（高さ一三四メートルでドイツ最高）をくぐると、左岸の山上にロマネスク式のマティアス礼拝堂、そして上下二つに分かれたコーベルン城が見えてくる。続いて左岸にレーメン城、右岸の山上にトゥーラント城がある。

一六八九年にルイ一四世のフランス軍が侵入してきて、モーゼル河谷の城を一つ残らず破壊してしまったが、幸いに当時の火薬はまだそれほど強力ではなかったので、堅固な塔や城壁の外形だけは何とか残ったケースが多い。このトゥーラント城もそうで、二つの大塔などが残っていた上に、近年になってだいぶ修復されたので、モーゼル下流域では最も見映えのする城の一つだ。

次は左岸にビショーフシュタイン城。大円塔に白い漆喰の輪が付いているのが目印で、今は全寮制の学校になっている。続いて左岸のカルデンに後期ロマネスク式の大聖堂がある。そして右岸の山上にトライス城とヴィルデンブルク城、左岸の山上にコランデルシュタイン城と、いずれも廃墟《はいきょ》と化した古城が姿を見せたあと、行く手にコッヘム城の雄姿が現れる。

コッヘムの城と町

モーゼル河谷の旅で、時間の関係から途中一、二カ所ほど寄って行こうというのであれば、このコッヘム Cochem の町と城、そしてあとで述べるベルンカステル Bernkastel の町をおすすめしたい。

コッヘム城は一〇七二年に創建され、一四世紀に大拡張されたあと、一六八九年にフランス軍に壊された。しかしベルクフリート Bergfried（城の中核になる大塔で、日本の天守閣に相当）は破壊を免れ、塔の下部は一一世紀、上部は一四世紀のままの雄健な姿をとどめている。その他の部分は一八七〇年代に修復された。問題があるとすればこの修復方法で、当時流行していたロマン主義的な考え方に基づき、考証を軽視して華やかに造り過ぎている感じがしないでもない。

この城は、モーゼル河畔に盛り上がっている小高い丘をひとつ全部占拠しており、非常に規模が大きく、大小さまざまの尖塔《せんとう》が建ち並んでいて、写真うつりの良いことは抜群である。モーゼル川の橋の上からカメラにおさめるだけでも良いが、時間が許せば歩いて二〇分ほどの坂道を登り、城の中へ入ってみたい。見学者をまとめておいて、城の案内人が説明しながら連れて回る方式である。ベルクフリートの外壁には、子供姿のキリストを背負ってライン川を渡る聖クリストフが大きく描かれている。

コッヘムはワイン造りとワインの取引で栄えてきた町で、かつて町を囲んでいた城壁の遺構があり、小さなマルクト広場をめぐって木骨組の家々が建ち並んでいる。

城館ホテルならエーレンブルク城

ドイツには古城を改装した城館ホテルが各地にあり、宿泊すればもちろんのこと、立ち寄って食事をするだけでも楽しい思い出の種になることが多い。もちろん、城館ホテルといってもピンからキリまであって、期待外れということもなきにしもあらずだが、モーゼル河谷にある城館ホテル・エーレンブルク Schloss Hotel Ehrenburg は、ほんとうに古城らしい古城で実にすばらしい。

場所は、コーブレンツからモーゼル川の右岸沿いに二五キロほど行った所のブローデンバッハ Brodenbach から、わき道に入ってさらに三キロほど行った所。眺望絶佳な山上にある要害堅固な城で、まんなかに高い塔がそびえている。ホテル・レストランとして使われている建物は、日本の城にたとえれば三の丸の部分にある。

聖クリストフ（別名　クリストフォロス）

昔々、ライン川の上流にクリストフという渡し守がいた。どんな時でも嫌な顔ひとつせず、旅人を背負って川を渡してやっていた。ある嵐《あらし》の夜、彼の小屋の戸をトントンと叩《たた》く者がいる。開けてみると一人の小さな男の子だ。「坊や、今夜はもう遅いし、こんな嵐だ。オジさんの小屋に泊まっていきな。明日は一番に渡してやるよ」とクリストフ。しかし坊やは、どうしても今夜渡してくれと言ってきかない。仕方なくクリストフは坊やを背負い、嵐で水かさが増した激流を渡り始める。なぜか背の坊やは次第に重くなり、しまいには磐石《ばんじゃく》のような重みでクリストフを押さえつける。やっとの思いで向こう岸にたどり着いたクリストフは、力尽きて倒れ、天国に召されてしまう。彼が背負った重荷は、実は神の子イエス・キリストであった。

聖クリストフ（別名クリストフォロス）は、このような伝説の聖人で、もともとはパレスチナの出身とされていた。ドイツでは非常に人気があり、よく教会や城などに大きな壁画として描かれている。聖クリストフは交通安全の守護聖人とも考えられているため、車の中に聖クリストフのお守りを下げている人をときどき見かける。

銘醸ワインと古風な家並みが名物のベルンカステル

コッヘムを出ると、右岸の山上にあるメッテルニヒ城と、その麓《ふもと》にある小さなバイルシュタインの町が写真向きだ。次に左岸のアルフという町の上方にあるアラス城Burg Arrasは、レストランになっている。続いて山上に見えるマリーエンブルク城は、中世には女子修道院だった所で、今では学校になっている。

ツェルZellは、古風な家並みがよく残っている町で、ワインどころらしい雰囲気満点の酒蔵レストランもある。トラーバッハには、昔から橋と町の入口を守っていた見事な塔門が残っており、後方の山には遺跡と化したグレーフェンブルク城が見える。

次にモーゼル川の大きなカーブを二つ曲れば、ベルンカステルである。河畔にある広い駐車場からちょっと歩いてマルクト広場に入ると、誰しも木骨組の家々の見事さに驚嘆させられる。木骨そのものが美しい文様を表している家。各階がそれぞれ別の趣向を凝らしている家。それらが寄り集まってなごやかなハーモニーをかなでている。木という素材が持っている温かみが、見ている者の心にまで伝わってくるようだ。広場の一角に、一六〇六年に造られたという大天使ミカエルの泉があり、奥の横丁に、ひょろ長いキノコのような形をした木骨組の家があって、ワイン酒場になっている。

マルクト広場を見終わったら、モーゼル川の橋をなかほどまで渡ってから町の方を

木骨組の家々に囲まれたベルンカステルのマルクト広場

振り返って見よう。岸辺にもやっている白い船、古風な家々の屋根が織りなすシルエット、後ろの急斜面に広がるブドウ畑の縞《しま》模様、そして緑の山上に高くそびえるランツフート城。かつてこの城は難攻不落の堅固さを誇り、トリーア大司教の夏の居城であったが、今では遺跡と化している。

　左手の方にはドクトルベルク（ドクトル山）と呼ばれる丘があり、ブドウ畑で

ひょろ長いキノコ形の家はワイン酒場

覆《おお》われている。名高い銘醸ベルンカステラー・ドクトルの原料ブドウがとれる所だ。トリーア大司教ボエムント二世（在位一三五四〜六二年）がランツフート城で重い病にかかり、もはやこれまでと思われたとき、今生の名残にこの畑からとれたワインを毎日少しずつ飲んでいたところ、さしもの重い病が次第になおって、健康を取り戻すことができた。それまではどんな医師の薬を飲んでもダメだったのである。以来このブドウ畑にも、そこからとれるワインにも、大司教のお声がかりでドクトルの名が冠せられるようになったと伝えられている。

銘醸ベルンカステラー・ドクトルのラベル。左後ろにドクトル山、右後ろにランツフート城が見える

トリーア

ローマ帝国の副都として発展

ベルンカステルからモーゼル川を遡《さかのぼ》ること六〇キロ、ルクセンブルクとの国境近くに位置しているトリーアTrierは、ドイツ最古の都市の一つで、ローマ時代の大規模な建造物がいくつも残っているという点ではドイツ随一である。もともとガリア人（ケルト人）のトレヴェリ族の居住地であったが、前一五年に皇帝アウグストゥスの命によってローマの植民都市が建設され、アウグスタ・トレヴェロールムと名付けられたのが起源である。

ローマ帝国は、ライン川を自然の国境線ないしは防衛線とみなし、ライン川沿いに点々と防衛基地を設けて強敵ゲルマン人に備えた。ボン、ケルンなどはみな、こういうローマ軍の基地から発展した都市である。この防衛線を統括していたのがトリーアであった。ライン川から一〇〇キロほど後方へ下がった所にあり、しかもライン川とはモーゼル川の水運によって結ばれ、さらに後方はメッスを経てリヨンに達する幹線街道と、ランスを経てパリに達する幹線街道によりガリアの各地とつながっていたトリーアは、統括センターとして絶好の位置にあったのである。

三世紀末に極度に混乱していた内政の建て直しに成功したディオクレチアヌス帝は、広大なローマ帝国を効率よく統治し、外敵の攻撃に備えるために、帝国を四分割する方針を立てた。そうして腹心の部下を起用し、東の正帝と副帝、西の正帝と副帝、あわせて四人で分担して帝国を統治することにした。そのときライン川とアルプス以西のヨーロッパを受け持つ西の副帝の本拠と定められたのが、トリーアである。

四世紀になって、父の代からトリーアを地盤にしていたコンスタンチヌス大帝が、次々に対抗者を撃破して全ローマ帝国の支配者になったため、トリーアの地位はさらに上がった。コンスタンチヌス大帝は、三一三年にミラノの勅令を発してキリスト教を公認し、間もなくアルプス以北では最初の司教座がトリーアに設けられた。この司教座は九世紀初めにカール大帝によって大司教座に格上げされ、後にはトリーア大司教は広い領土を持つ大諸侯の地位を獲得し、七選帝侯の一つに加えられるに至った。

ローマ時代の大通りと中世城壁の線をたどる

トリーアの市街地図を見ると、旧市街はやや不規則な四角形をなしていて、西側はモーゼル川、他の三方は広い緑地帯を持つ環状道路に囲まれていることが分かる。この環状緑地道路は中世の城壁と堀の跡地であり、東南側（略図の⑭⑮のあたり）にわずかに城壁の一部が残っている。

ローマ時代の市域はこれよりずっと広く、中世の市域の倍以上もあった。略図に点線で示してあるのがローマ時代の城壁の線であるが、ずっと南の方まで延びており、城壁の全長は六・四キロもあった。中世城壁の北側と西側だけはローマ時代の城壁の線と重なっていて、古代城壁の廃墟を基礎にして、中世城壁が築き直されたことが分かる。ローマ時代の市域はやや不規則な長方形であったが、そのまんなかを東西に貫いていた大通りデクマヌス・マクシムスは、現在のカイザー通り、すなわち環状緑地道路（南側）のあたりであったろうと推定されている。

デクマヌス・マクシムス西端の城門を出た所に、モーゼル川にかかっている橋があった。このローマ時代の橋はその後たびたび修復されて今なお使われており、⑰レーマー・ブリュッケ（ローマ橋）と呼ばれている。

デクマヌス・マクシムス東端の城門を兼ねていたのは、今なお遺跡として保存されている⑯アムフィテアター Amphitheater（円形闘技場）である。円形闘技場は、ローマのコロセウムの例でも分かるように巨大な石造建築であり、いざという時には、

トリーア

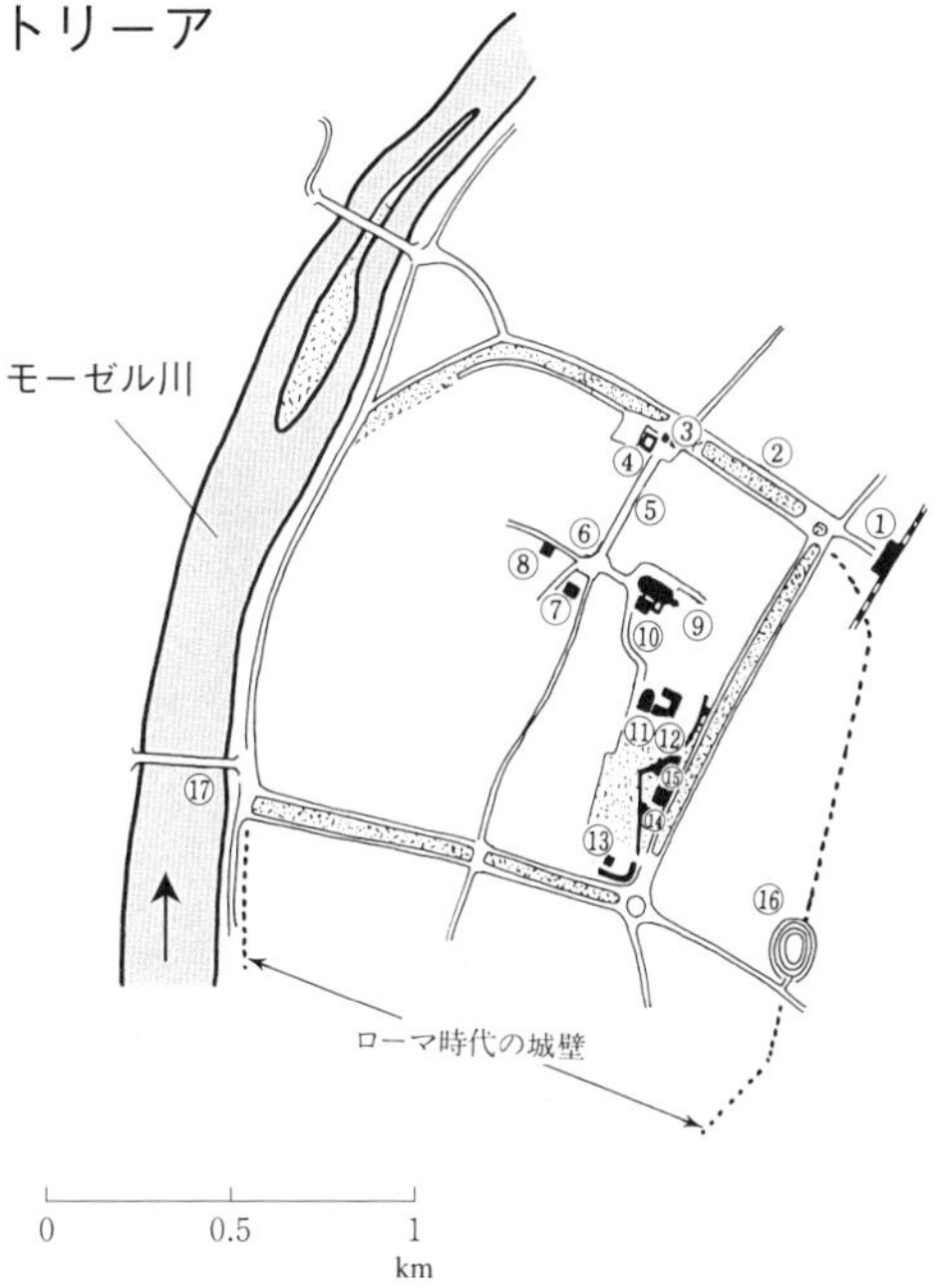

①駅
②環状緑地道路
③ポルタ・ニグラ（黒門）
④元聖ジーメオン修道院
⑤ジーメオン通り
⑥ハウプトマルクト広場
⑦聖ガンゴルフ教会
⑧フランケントゥルム
⑨ドーム（大聖堂）
⑩リープフラウエンキルへ（聖母教会）
⑪バジリカ
⑫大司教宮殿
⑬カイザー・テルメン（皇帝浴場）
⑭ラインラント博物館
⑮中世城壁
⑯アムフィテアター（円形闘技場）
⑰レーマー・ブリュッケ（ローマ橋）

城塞《じょうさい》代わりに使うこともできたから、都大路の東門を兼ねさせていたのだ。ローマ時代と言っても初期の市域はもっと小さかったはずだから、この円形闘技場ができた当時（紀元一〇〇年頃）はまだ城壁の外にあったのに、後に市域が広がって城壁が拡張された時、この円形闘技場も都市防衛施設の一端を担《にな》うことになったのではなかろうか。

ローマ人が計画的に建設した都市では、必ず東西と南北の大通りがまんなかで交差する形になっていた。東西の大通りは前記のとおりだが、南北の大通りカルド・マクシムスは現在の⑤ジーメオン通りとして残っている。ただし、ジーメオン通りが⑥ハウプトマルクト広場に突き当たってから先の所では、もはやよく分からない。

豪壮なローマ時代の城門ポルタ・ニグラ

鉄道利用の場合は、①駅を出てまっすぐ②環状緑地道路を歩き、③ポルタ・ニグラ Porta Nigra（黒門）へ。貸切バス利用の場合はポルタ・ニグラの近くで下車し、バスは旧市街の東南隅、⑬カイザー・テルメン Kaiser-Thermen（皇帝浴場）の外側あたりへ回送しておくのがいちばんよい。

いずれにせよ、トリーア探訪の出発点はポルタ・ニグラだ。アルプス以北に現存し

ローマ時代の城門ポルタ・ニグラ

ているローマ時代の大建造物としては、最も保存状態が良い。砂岩の巨石を積み上げて造ってあり、当初は白っぽかったに違いないが、長年のうちに真っ黒になり、ポルタ・ニグラ（黒門）の愛称で親しまれてきた。

城壁の北門として二世紀の後半に造られたが、単なる城門というよりは一つの城塞といってよいぐらいの規模を持っている。北の方からやって来たゲルマン人がこの城門を見て驚き、さすがはローマ人だと感心するように、必要以上に豪壮な造りにしてあったのだという説もある。軍事的にもよく考えてあって、内外二重の門になっている。敵が外門から乱入して来ると、上から重い鉄格子《てつごうし》を落として外門をふさぎ、敵を中庭に閉じこめておいてまわりから攻撃を加え、みな殺しにしようというわけであった。

他の多くの古代建造物と同じく、この壮大な城門もまた後世の石材略奪により消滅する運命にあったのだが、シラクーザ出身のギリシア人で世間から非常に尊敬されていた隠者ジーメオンがこの城門の東塔に住みついたため、石材略奪が止《や》んだ。後に彼は聖人に列せられ、一〇三五年にトリーア大司教がこの城門におおいかぶさるような形で聖ジーメオン教会を造った。一八〇四年ナポレオンの命令で後世の付加物をできるだけ取り除いたところ、見事なローマ時代の城門が全貌《ぜんぼう》を現した。東側には、ロマネスク式の聖ジーメオン教会の遺構がまだくっついたまま残っている。

ポルタ・ニグラのすぐ西側にあるロの字形の大建築は、一〇三七年にできた④元聖ジーメオン修道院で、ロマネスク式の簡潔な美しさをよく伝えている。今では市立歴史博物館と観光案内所として使われており、夏には中庭に屋外カフェのテーブルが並ぶ。

旧市街の中心ハウプトマルクト広場へ

⑤ジーメオン通りは歩行者天国で、いろいろな時代の建物が並んでいる。なかでも

有名なのは、東側のなかほどにあるドライケーニゲンハウス Dreikönigenhaus（三王館）だ。一三世紀前半の建築で、中世貴族の館《やかた》の様式をよく伝えており、昔は一階には入口も窓もなく、二階の向かって右側にある縦長の窓にハシゴを掛けて出入りしていた。ハシゴを引き上げてしまえば、小さな城のような構えになったわけであった。

ジーメオン通りの突き当たりが、旧市街の中心広場⑥ハウプトマルクト Haupt-markt だ。広場のまんなかに石柱が立っていて、ずんぐりした石の十字架がのっている。オットー大帝から市場開設権を与えられたことを記念し、かつは市場を監督する大司教の権威を象徴するために、大司教ハインリヒ一世が九五八年に造らせたもので、花崗岩《かこうがん》の石柱はローマ時代のものだという。広場のまわりには古風な様式を伝えている建物が並んでいて写真に良い。戦災を受けて修復されたため、どの建物もみな真新しく見えるのはやむをえない。前記のドライケーニゲンハウスもそうだ。

広場からちょっと西へ入った所にある⑧フランケントゥルム（フランクの塔）も、中世貴族

ハウプトマルクト広場

の館の例である。一四世紀に造られ、フランク・フォン・ゼーンハイムの屋敷だったので、フランクの塔という名が付いた。重厚なロマネスク式の二連アーチの窓が並んでいる。この家も昔は入口は階上にしかなかった。

広場の南の方には、一四世紀から一五世紀にかけて造られたゴシック式の⑦聖ガンゴルフ教会がそびえている。次に述べるドームが大司教の教会だったのに対し、こちらは市民の教会であった。

ローマ時代に繁栄を極めていたトリーアは、ゲルマン民族大移動の混乱のなかではとんど人が住まぬ焦土と化し、ただ司教を中心とする教会関係者だけが辛うじて踏みとどまっていたと考えられている。中世のトリーアは、大司教の保護を頼りに一〇世紀頃から次第に商人が来住するようになって新しく生まれたのであった。ところが、商人がだんだん力をつけてくるにつれて大司教と対立するようになる。マインツ、ケルンそのほか、大司教や司教が君臨していた都市ではどこでもそうだった。

ドライケーニゲ（三人の王）

新約聖書には、イエスがベツレヘムの馬小屋で生まれた時、星に導かれて東方から三人の占星術《せんせい》の学者たちがやって来て、幼子イエスを拝した、とある。ドイツ語圏では「三人の学者」がいつの間にか昇格して、ドライケーニゲ Dreikönige「三人の王」と呼ばれるようになった。ジーメオン通りにあるドライケーニゲンハウスでは、「三人の王」を英知の象徴として屋号（建物の名称）に使ったわけである。

さまざまの建築様式が一堂に会しているドーム

ハウプトマルクト広場から東へ入ると、⑨ドーム（大聖堂）がまるで城塞のように傲然《ごうぜん》と構えている。この部分はロマネスク式で一一世紀に造られた。ドーム、正確に言えば司教座聖堂を最初に建立したのはコンスタンチヌス大帝で、三二五年のことと伝えられている。三八〇年にグラティアヌス帝がその聖堂を東側へ大きく拡張し、今もなお残っている中核部分を造り上げた。堂内のまんなかにある四本の一枚岩の巨柱が、ローマ時代の雄健な様式を物語っている。

建築様式の変遷《へんせん》に興味を持っている人は、ドームの北外側に回ってみるとよい。ドームの西正面は、さきほど述べたように一一世紀のロマネスク式だが、その奥にはローマ時代の建築部分が顔をのぞかせており、さらに東側には一二世紀ロマネスク式の部分と一四世紀ゴシック式の部分とが重なり合っている。続いて一八世紀バロック式の宝物庫がある。

このドームにも東西にそれぞれ内陣があり、ドイツ・ロマネスク式司教座聖堂の基本プランを表している。

ドームの南側に接している回廊と、⑩リープフラウエンキルヘ（聖母教会）は一三世紀の中頃に造られ、ドイツでは最も早い時期にできたゴシック建築の傑作だ。一二世紀の後半に北フランスで始まった壮麗なゴシック式が、地理的に北フランスに近いトリーアでいち早く取り入れられたのである。リープフラウエンキルヘは、珍しくもギリシア十字形の平面プランを持ち、ほぼ同じ大きさの身廊と袖廊《そでろう》がまんなかで十字形に交わっていて、その中心に祭壇が置かれている。堂内は広々として明るく、清楚《せいそ》な美しさに満ちている。

ローマ時代のバジリカと大浴場

リープフラウエンキルヘを出て南の方へ歩いて行くと、巨大な煉瓦《れんが》造りの建物が見えてくる。⑪バジリカと呼ばれ、コンスタンチヌス大帝が三〇〇年頃に造った宮殿建築群のうちのただ一つの生き残りだ。今ではプロテスタントの教会として使われてい

バジリカ（左後方）と大司教宮殿

る。
　中へ入るとその大きさに驚嘆させられる。奥行六五メートル、幅二八メートル、天井までの高さは約三〇メートルで、柱は一本もない。まわりの壁体がすべてを支えているのだ。格天井《ごうてんじょう》は現代になってから造り直されたものだが、三メートル四方の区画でできている。今では煉瓦がむき出しになっている壁は、ローマ時代には下部は大理石の化粧張りで、上部は色付きの漆喰で覆《おお》われていた。窓のアーチの下などに、ローマ時代の漆喰がわずかに残っている。壁龕《へきがん》には金色のモザイクが施され、彫像が置かれていた。床は黒と白の大理石のモザイクになっていた。床下の五カ所で火を燃した暖房装置の跡

コンスタンチヌス大帝が造った大浴場の遺跡

が今でも残っている。

この途方もない大広間は、謁見《えっけん》などの公式行事の際に大帝の勢威を見せつけるのに役立ったことであろう。

バジリカに接して、華やかなロココ式の⑫大司教宮殿がある。彫像や花壇、噴水のある美しい庭園を前景にして、バジリカと大司教宮殿をカメラにおさめるとよい。そして庭の中を歩いて行くと、⑬カイザー・テルメン（皇帝浴場）の遺跡が姿を現す。

三〇〇年頃からコンスタンチヌス大帝が造り始めた大浴場で、東西二六〇メートル、南北一四五メートルという規模を持っていた。現在、遺跡として保存されているのは元の面積の半分以下であるが、それでも巨大な壁やアーチ、そして迷路のように延びている地下道などによって、古代の威容を偲《しの》ぶことができる。ただしこの大浴場は、コンスタンチヌス大帝が中央の政局に心を奪われ過ぎてしまったためか、細部の仕上げはついに行われずじまいだった。それでもローマに遺跡が残っているカラカラ帝の大浴場、ディオクレチアヌス帝の大浴場とともに、古代の三大浴場に数えられている。

ローマ皇帝たちがこのような大浴場を造ったのは、一般市民やローマ軍将兵に娯楽設備を提供して人気を集め、自己の勢力を誇示するのに、非常に効果的だったからである。

大浴場の遺構は中世城壁に組み込まれ、城壁の東南角を守る城塞《じょうさい》として利用されていた。

大浴場のすぐ北に、⑭ラインラント博物館 Rheinisches Landesmuseum がある。モーゼル河谷のワイン造りの町ノイマーゲンで発見されたワイン運送船の彫刻をはじめ、ローマ時代のいろいろな彫刻やモザイク、ガラス器などに興味を引かれる。

大浴場の東南方四〇〇メートルに、紀元一〇〇年頃に造られた⑯アムフィテアター（円形闘技場）の遺跡がある。トリーアに現存している最古の建造物だ。石材は略奪によってほとんどなくなってしまっているが、自然の地形と盛り土を利用した円形闘技場の全容はよく残っており、石造のアーチになっていた四つの入口の様子もよく分かる。

カール・マルクス

思想家、経済学者として名高いカール・マルクス（一八一八〜八三年）は、富裕なユダヤ人の弁護士を父として、トリーアで生まれた。主としてボンやケルンで活動していたが、一八四八年の三月革命が失敗に終わったあと、ロンドンに亡命し、そこで貧窮のうちに研究や実践活動に没頭した。彼が生まれたとき、トリーアはすでにプロイセン領になっていたけれども、その前のフランス革命とナポレオンの時代にはフランス領に編入されていて、フランス革命のモットーだった自由、平等、博愛の思想が市民の強い共感を呼び、それが後に青年時代のマルクスにも影響を及ぼしたと考えられている。

生家カール・マルクス・ハウス Karl-Marx-Haus は、⑥ハウプトマルクト広場から西南方へ、フライシュ通り Fleischstrasse を五〇〇メートルほど行って右側にあり、記念館になっている。

ボン

マルクト広場からベートーベンの家へ

前一世紀の末頃、ローマがライン川沿いに設けた一連の軍事基地の一つとして、当地にカストラ・ボンネンシアという名の城塞《じょうさい》が築かれた。そのまわりに生まれた町がボンナと呼ばれるようになったのがボン Bonn の起源である。

中世にはケルン大司教領になり、一二八八年のヴォリンゲンの戦いで大司教がケルン市民軍に敗れてからは、ボンに大司教の宮廷が置かれるようになった。ケルン大司教は同時に選帝侯でもあったから、ボンに移ってからはもっぱら選帝侯と呼ばれるようになる。

日本ではボンは、旧西ドイツの首都としてよく知られている。しかし旧西ドイツ政府は、ボンはあくまでも仮の首都であるという建て前を堅持し、必要以上に豪華な建物を造るというようなことは一切しなかったから、旧首都関連の建物で特に見るべきものはない。ボンの見どころは、ボンが旧西ドイツの首都になったこととは直接関連のない旧市街にある。

略図の④マルクト広場 Markt が旧市街の中心だ。広場の東南側には一七三八年にできた優美なロココ式のラートハウスがある。週日には野菜、果物、保存食品、生花などの露店市で賑《にぎ》わっていて、写真に良い。

マルクト広場の西端から北へ、歩行者天国のボンガッセ Bonngasse という通りに入って行くと、右側に②ベートーベンハウス Beethovenhaus がある。ベートーベンは一七七〇年一二月一六日（?）にこの家で生まれ、九二年にウィーンへ行くまで住んでいた。

ベートーベンの家

ベートーベンの父は選帝侯の宮廷に仕えるテノール歌手であったが、息子が幼くして音楽の才能を発揮し始めたのを知ると、モーツァルトの先例にならって神童として売り出そうとした。その時ベートーベンは既に七歳を過ぎていたので、二年ばかりサバを読むことにし、本人にもそう信じこませた。ベートーベンは生涯自分の年齢を二

ボン

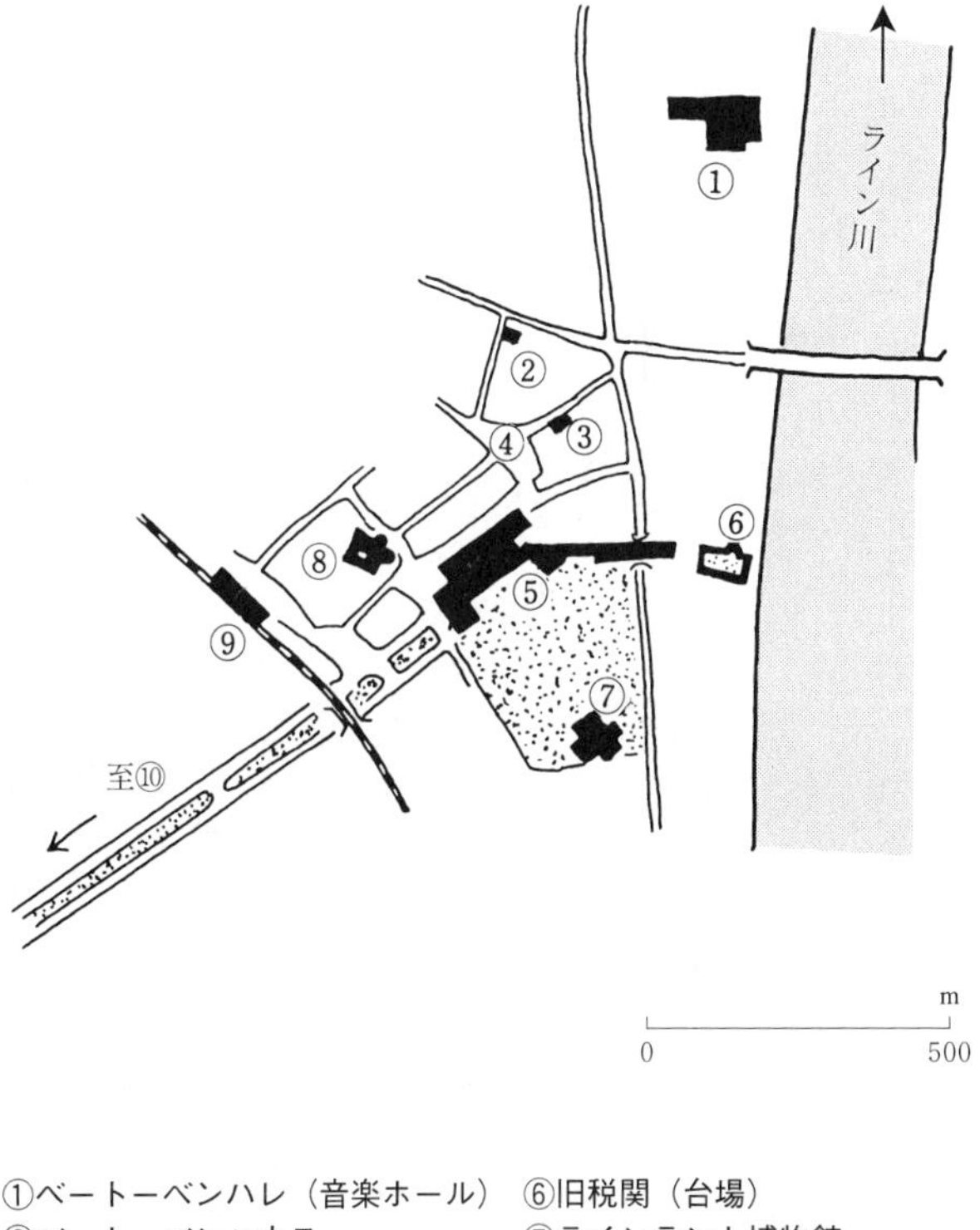

①ベートーベンハレ（音楽ホール）
②ベートーベンハウス
③聖レミギウス教会
④マルクト広場
⑤選帝侯宮殿（現ボン大学）
⑥旧税関（台場）
⑦ラインラント博物館
⑧ミュンスター（大聖堂）
⑨駅
⑩ポッペルスドルフ城館

歳若く考えていた。その誤りがはっきりしたのは、後に③聖レミギウス教会でベートーベンが一七七〇年一二月一七日に洗礼を受けたという記録が発見されてからだ。当時は生後なるべく早く洗礼を受けるのが習慣であった。

ところで少年ベートーベンのピアノ演奏は、父親が期待したような評判を生まなかったが、一一歳になる頃までときどきライン地方の各地やアムステルダムなどへ演奏旅行に出かけた。

ベートーベンの父は飲んだくれで、いつも貧乏であり、母は三人の男の子をかかえて苦労の絶えることがなかった。ベートーベンも、少年の頃からオルガンやピアノの演奏で少しでも収入を得ては母を助けた。そんな逆境の中にあっても、彼の音楽修業にはたゆみなく磨きがかけられていく。

そういうことを考えながら「ベートーベンの家」を訪ねると感慨はひとしおだ。かなり広い家であるが、ベートーベン一家が使っていたのはその一部だけである。伝記を読むと、父の音楽家仲間の飲み友達などに部屋を貸していたことが分かる。今では全体が記念館になっていて、ベートーベンが使っていたピアノ、ラッパ形の補聴器、一〇歳の時に演奏していた大きなオルガンの鍵盤《けんばん》、自筆の楽譜などが展示されている。

ケルン大司教とボン

ケルンの大司教は俗人の伯（グラーフ）と同じように、一〇世紀頃から国王の委任を受けて地方の行政、徴税、裁判、兵馬の権を握るようになり、国王（神聖ローマ帝国皇帝）の中央集権が弱まるにつれて、やはり俗人の伯と同じように、ほとんど独立国に近い諸侯になってしまった。そして、皇帝を選挙する資格を持つ七人の選帝侯の一人に加えられた。

そういうわけで、ケルンの大司教はキリスト教の高位聖職者であると同時に、ケルンの都市領主（シュタットヘル Stadtherr）であり、この地方全体の地方領主（ランデスヘル Landesherr）であり、選帝侯でもあるという四つの性格を合わせ持つことになった。ここまではほかの司教領主と同じで、この本でも繰り返して述べてきたとおりだ。しかし、その先がケルンではちょっと違った経緯をたどった。

ケルンでは商業や手工業が非常に盛んになって、市民が大きな実力を持つようになり、都市領主としての大司教との対立が激しくなった。市民と大司教の手下が武器を取って殺し合いの乱闘に及ぶようなことも、一一世紀末頃からときどき起こった。市民と大司教との抗争は次第にエスカレートし、ついには熱い戦争になって、一二八八年のヴォリンゲンの戦いで市民側が決定的な勝利をおさめ、都市領主としての大司教はケルンから追い出されるに至った。

　やむをえず大司教は領内のボンに移り、そこに城を築いて宮廷を構えたのが、選帝侯宮殿（現ボン大学）の元になった。後述のように一八世紀には、ケルンの南西一〇キロにあるブリュール Brühl に、ドイツ・ロココ式の豪華な離宮も造った。

　しかし大司教座まで移したわけではないから、キリスト教関係の重要な行事がある時には大司教は、ボンやブリュールからケルンに出向くか、あるいは代理を派遣するかした。その場合、儀礼的な供回りはよいが、軍勢を連れて行くことはケルン市側で認めなかった。

　ケルンは商業都市としてますます発展し、ハンザ同盟の最有力メンバーの一つになる。このようにケルンは実力で自由都市の地位を確立していたにもかかわらず、形式上はなかなか帝国自由都市の資格を認められなかった。歴代の皇帝がケルン大司教に遠慮したからだ。なにしろ、ケルン大司教は皇帝選挙権を持っているので、皇帝としては自分の息子を次の皇帝に選出してもらう時のことを考えると、ケルン大司教に反感を持たれるようなことをするのは得策ではなかったのだ。それでも一四七五年に、ハプスブルク家の皇帝フリードリヒ三世により、ケルンは皇帝直属の自由都市であることを認められ、公式にケルン大司教と対等の立場に立つことになった。

　それから四〇〇年あまり経ってナポレオンの時代に、地方領主としてのケルン大司教も選帝侯なるものも共に消滅した。今なお存続しているのは、キリスト教の高位聖職者としてのケルン大司教だけである。

ベートーベンとボン

ベートーベンの祖父は二〇歳の時、ハプスブルク領ネーデルランド（現ベルギー）のアントワープからボンにやって来て、バス歌手として選帝侯に仕え、後には宮廷楽長にまでなって非常に人望があった。これが、ベートーベン一家とボンの関係の始まりだ。祖父はベートーベンが三歳の時に死んだが、母やボンの宮廷関係者、音楽関係者などからよく祖父の話を聞かされたベートーベンは深く祖父を尊敬し、ウィーンへ移ってからも自室に祖父の油絵の肖像画を飾っていた。

ベートーベンの父は親譲りの美声に恵まれ、テノール歌手として一二歳の時から既に宮廷に出仕していたが、祖父と違って意志が弱く、音楽家としても伸びなかった。選帝侯からいただく俸給だけでは生活が苦しかったので、祖父は副業として酒屋を始めていたが、これが逆に一家を窮乏のどん底に追いこむ結果になる。祖父の死後、まず祖母が商売ものの酒を一杯また一杯と飲むようになり、ひどいアル中になってボンの女子修道院に隔離され、哀れな末路をたどった。次には父が酒に溺《おぼ》れて身を持ち崩し、果てはテノール歌手として最も大事な声まで潰《つぶ》してしまった。

子供は七人生まれたが、無事に育ったのはベートーベンとその弟二人だけである。それでも父がわずかの俸給をみな飲んでしまうので、ベートーベン以下三人の男の子を抱えた母の苦労は大変なものであった。ベートーベンが一七歳の時に、母は長年の苦労がもとで結核にかかって死んだ。母を熱愛していたベートーベンの悲しみがどんなに大きかったかは、彼がその頃に書いた手紙に溢《あふ》れ出ている。

母が亡《な》くなると父の酒乱はますます激しくなり、泥酔《でいすい》してブタ箱に入れられた父を、ベートーベンがもらい下げに行ったりしなければならないこともあった。家財道具はみな売り払って家の中はがらんどうになり、父は俸給をみな飲んでしまうので、一家の生活はベートーベンが支えねばならない。宮廷オルガニストをつとめていたベートーベンが選帝侯に願い出て、父の俸給の半分は父に渡さずに自分に直接渡してもらえるようにしたのは有名な話だ。

せめてもの幸いは、時の選帝侯マクシミリアンがハプスブルク家の出身で、音楽に理解が深かったことである。彼は有名な女帝マリア・テレジアの末っ子（一六番目の子）であり、マリー・アントワネットのすぐ下の弟である。彼が生まれ育ったウィーンの宮廷には、音楽愛好の気風が満ち満ちていた。ハイドンが二度までもボンの宮廷に来て、そこでベートーベンに会うことになったのも、選帝侯とハイドンは既にウィーンで旧知の間柄だったからだ。

モーツァルトが仕えていたザルツブルクの大司教が、モーツァルトの真価を理解せず、召使同然に扱ったため、モーツァルトが苦労したのとは大きな違いだ。ケルンの大司教すなわちボンの選帝侯は、表立ってベートーベンに肩入れすることはしなかったが、二二歳になったベートーベンが音楽修業のためにウィーンへ行くことになった時、それとなく便宜をはかってやった。当時の音楽家のスポンサーである王侯貴族の社会では、ボンとウィーンの間で太いパイプがつながっていた。両地の君主は兄弟同士であり、いろいろと交流があったのである。

選帝侯宮殿と後期ロマネスク式の大聖堂

旧市街北方のライン河畔に、①ベートーベンハレ Beethovenhalle と呼ばれるモダンなコンサート・ホールがある。年に一度の国際ベートーベン音楽祭をはじめ、さまざまの演奏会がここで開かれる。

旧市街の東南側には、広い芝生に面して元の⑤選帝侯宮殿があり、現在はボン大学が使っている。ボンまで来ると、ライン川は幅広くなり過ぎてとらえどころがないが、選帝侯宮殿の東にある⑥旧税関 Alter Zoll のテラスから眺めると、多少はライン川らしい趣が感じられる。歴史に特に興味を持っている人には、⑦ラインラント博物館 Rheinisches Landesmuseum が面白いかも知れない。先史時代から現代に及ぶ展示があるが、見どころはローマ時代の部門だ。

観光的に最も興味深いのは、マルクト広場から西南方へ、レミギウスシュトラーセ Remigiusstrasse という歩行者天国の通りを進んで行った所にある⑧ミュンスター Münster（大聖堂）だ。ロマネスク式の尖塔《せんとう》が五本並び立っていて写真にも良い。

四世紀にコンスタンチヌス大帝の母ヘレーナが寄進したと伝えられている小さな修道院聖堂の跡に、一一世紀にロマネスク式の教会が造られたのが起源である。この建物は火災で崩れてしまい、今ではクリプト（地下）の西側にだけ初期ロマネスク式の重厚な姿をとどめている。現在の建物は、一三世紀以後に改築された後期ロマネスク式である。第二次大戦でひどく壊され、戦後に全面的に修復されたのであるが、元は一三世紀から一四世紀にかけて描かれたものだという壁画が印象深い。南側に二層造りの回廊がある。

⑨駅から少し東南方へ行くと、ポッペルスドルファー・アレーという広い公園道路があって、⑤選帝侯宮殿と、この略図には入りきらない位置にある⑩ポッペルスドルフ城館 Poppelsdorfer Schloss とを一直線に結んでいる。選帝侯宮殿から一キロぐらいだ。ポッペルスドルフ城館は一七五六年に完成を見た選帝侯の離宮で、写真向きである。今ではボン大学の研究所と植物園になっている。

ブリュールの大司教宮殿

中世の昔は堀をめぐらした水城だった場所にある。ケルン大司教クレメンス・アウグストが一七二五年に工事を始めさせ、七〇年に完成を見た。その間に主任建築家はなんども変わり、建築様式も最初の部分は後期バロック式で、主要部分はドイツ・ロココ式であり、最後の部分にはクラシック式が加味されている。あまり広くはないが、フランス式の庭園も付いている。全体として非常に優雅で華麗な趣があり、これがキリスト教の高位聖職者である大司教が造らせた宮殿だとは、信じられないくらいだ。大司教はそのときどきの気分に応じて、本拠であるボンの宮殿に住んだり、離宮ともいえるこのブリュールの宮殿に住んだりしていた。

第二次大戦中にひどい戦災をこうむったあと、入念に修復されて、現在ではドイツ・ロココ式の宮殿建築の代表例とされている。

ハイデルベルクと古城街道

Ⅳ　ハイデルベルクと古城街道

若者たちが青春を謳歌《おうか》してきたドイツ最古の大学町ハイデルベルクから古城街道をたどり、シュヴァーベン地方のハルへ。

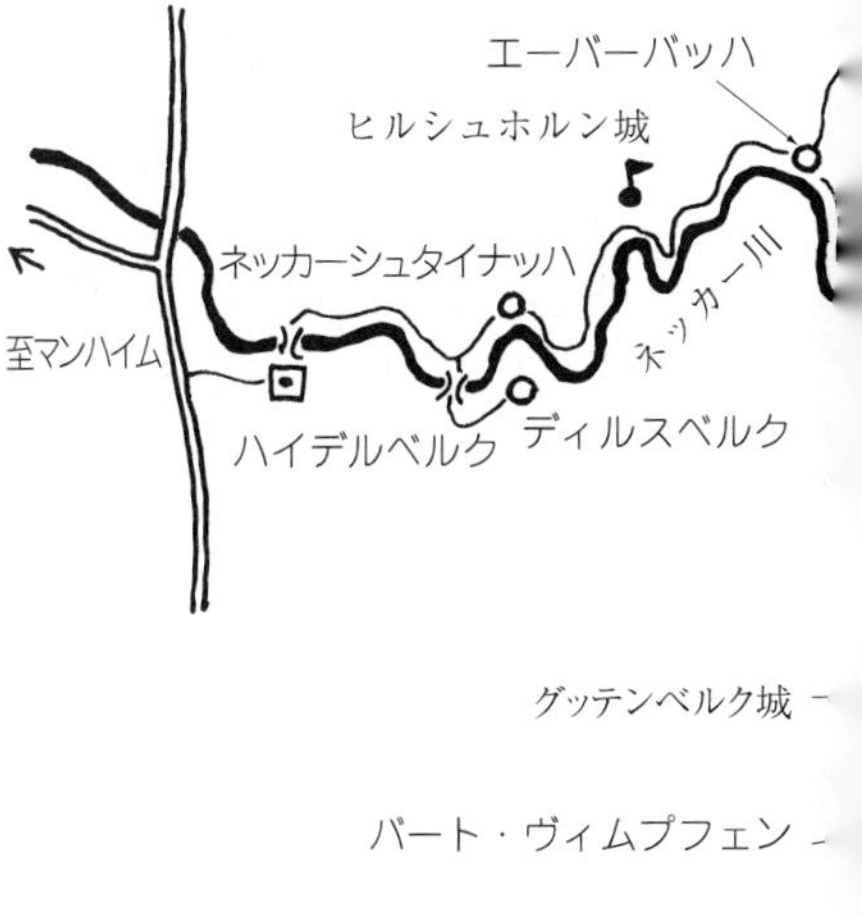

ハイデルベルク

旧市街の散策

ハイデルベルク Heidelberg は、ネッカー川と城山にはさまれた細長い旧市街と、その西側に広がる新市街とに分かれている。両者の接点にあるのが①ビスマルク広場 Bismarckplatz で、ここが全市の交通の中心でもある。

見どころはすべて旧市街とその近辺に集まっており、どこもみな歩いて行ける範囲内にある。旧市街西端のビスマルク広場から、東端の⑱カール門 Karlstor まで、ちょうど魚の背骨のように旧市街をまっすぐ東西に貫いているのがハウプト・シュトラーセ Hauptstrasse だ。ハウプトは「頭、主なもの」という意味だから、日本流にいえば「本通り」である。旧市街ではこれが唯一《ゆいいつ》の賑《にぎ》やかな通りであり、また北側はネッカー川、南側は城山で仕切られているため、旧市街の地理はたいへん分かりやすい。

ひと昔前までは、路面電車や自動車が人を押しのけるようにしてこの狭い「本通り」を走っていた。今では、「本通り」も数ある横丁もほとんどすべて歩行者天国になっていて、心安らかに散策を楽しむことができる。

歴史に関心がある人には、散策のひとときを利用して「本通り」のなかほどにある②プファルツ選帝侯博物館 Kurpfälzisches Museum に寄ってゆくことをおすすめしたい。まず、今から約五五万年前という気の遠くなるような大昔に生きていたハイデルベルク人の化石（下顎骨《かがくこつ》）がある。一九〇七年に、当市の東南方一〇〇キロのマウアーで発見されたもので、ほんものは大学の地質学研究所で保管され、博物館には精巧なコピーが展示されている。

次に興味をひかれるのは、ハイデルベルクの前史を物語る資料である。ビスマルク広場の西方一帯で一八世紀以来、建設工事の時によく地下から土器や青銅器などが出て来て、そこにケルト人の町があったらしいことが分かったという。ローマ時代になると町はネッカー川の北岸にまで広がった。ローマ人はライン河畔のシュパイヤーから東に延びる軍道を建設し、ネッカー川に橋をかけ、橋の北側に城塞《じょうさい》を設けて軍団の分遣隊を駐屯させ、ゲルマン人の進攻に対する備えとしていた。一八九六年に、ラーデンブルガー通りの建設現場でローマ時代の城塞の遺構が見つかり、その位置が確認されるに至ったという。

南の方から高速道路を通って来ると、シュパイヤー通りからハイデルベルクに入る

ハイデルベルク

①ビスマルク広場
②プファルツ選帝侯博物館
③グラーベンガッセ
④旧大学舎と学生牢
⑤新大学舎
⑥騎士の家
⑦聖霊教会
⑧マルクト広場
⑨ラートハウス
⑩コルンマルクト広場
⑪ブルクヴェーク
⑫ハイデルベルク城入口
⑬船着場
⑭アルテ・ブリュッケ
⑮ネッカー河岸
⑯シュランゲンヴェーク
⑰哲学者の道
⑱カール門
⑲観光バス駐車場

ことになるが、この通りはほぼローマ時代の軍道と重なり合っている。シュパイヤー通りのあたりからも、ローマ時代の人々が使っていたさまざまの器物や銀貨、銅貨などが出土した。

　そういうわけで、古代の発掘品といってもこの博物館にあるのは極めて地味な物ばかりであるが、それだけにかえって庶民の生活の息吹《いぶき》が感じられるような気がする。

　そのほかハイデルベルクの城や町の古図、そしてリーメンシュナイダーが一五〇九年に作った「ヴィンツハイマー十二使徒祭壇」が見ものだ。イエス・キリストをまんなかに、大きな鍵《かぎ》を手にしたペトロ、巡礼姿の大ヤコブなど十二使徒が、リーメンシュナイダー独特の迫力に満ちた表情をたたえて、木に浮彫されている。

1620年のハイデルベルクを描いた銅版画。アルテ・ブリュッケ（中央下）は屋根付き木造橋だった

アルテ・ウニヴェルジテート。左がグラーベンガッセ

ドイツ最古のハイデルベルク大学へ

ゲルマン民族大移動の渦中《かちゅう》でローマ時代の町は潰滅《かいめつ》し、無人の野と化したらしい。そのあとネッカー川の南側にはベルクハイム、北側にはノイエンハイムという村ができた。

ハイデルベルクという名の町は、これら二つの村とはまったく別個に、領主の⑫城の城下町として一二世紀頃に生まれ、当初は⑧マルクト広場を中心とするごく狭い区域だけを占めていた。後年ハイデルベルクは大きく発展し、これら二つの村をも新市街のなかにのみこんでしまい、ケルト時代やローマ時代の町の跡は新市街の下に埋もれるという結果になった。

ハイデルベルクの名が記録に初めて現

れるのは、一一九六年のこと。旧市街のちょうどまんなかあたり、「本通り」のかたわらに泉があり、③グラーベンガッセ（堀小路）という通りが南に向かっている。グラーベン（堀）という名から察しがつくように、この通りは当初の小さな城下町を囲んで一三世紀に築かれた城壁の堀の跡だ。

一三八六年に大学が創立されると町は急速に発展し始め、それまでの城壁の中だけでは狭くてどうしようもなくなったので、選帝侯ループレヒト二世は一三九二年に、だいたい現在の旧市街の線にまで城壁を拡張した。

グラーベンガッセ沿いにL字形の大学広場があり、④アルテ・ウニヴェルジテートと⑤ノイエ・ウニヴェルジテートが向かい合っている。これを適当な日本語にすることは難しいのだが、とりあえず④旧大学舎、⑤新大学舎ということにしておこう。

新大学舎にはよく大勢の学生が出入りしており、そのなかにまじって中庭まで入ると、一隅に古さびた塔が見える。ヘクセントゥルム（魔女の塔）と呼ばれ、一三世紀に築かれた古い城壁の西南角を固めていた塔だ。

旧大学舎は一七一二年に改築された建物で、三階に豪華な講堂がある。以上のほかにも、ハイデルベルク大学は市内のあちらこちらに校舎を持っているが、この旧大学舎は全体のシンボルともいうべき中心的な存在だ。

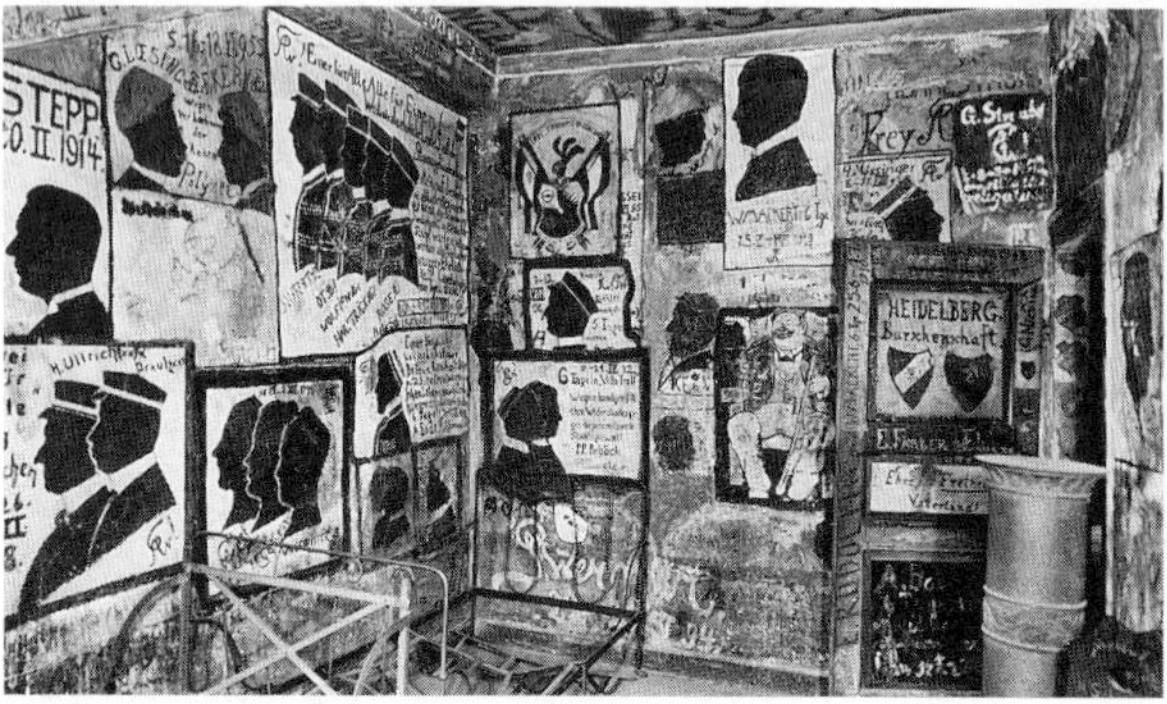

学生牢

ところが、この旧大学舎を見てたいていの日本人はガッカリしたような表情を浮かべる。「ドイツ最古の歴史を持つ世界に冠たる大学」として日本人が思い描いている姿とは、あまりにもかけ離れているからだ。立派な門塀を構えたキャンパスがあるわけではなく、一般の建物に混じって街なかに建っている。そして建物自体も割に小さくて、古ぼけて見える。

実はヨーロッパでは、歴史の古い大学はみなこういう感じなのだ。日本の大学のように、門塀を構えた一定のキャンパスの中におさまっているのは、ヨーロッパでは歴史の浅い新参の大学と相場が決まっている。

旧大学舎の東側、アウグスティーナーガッセという狭い通りに面して学生牢《ろう》 Studentenkarzer があり、ハイデルベルクを訪れたからには必見の場所だ。入口はまるで倉庫のような感じだが、呼鈴を押してから自分で扉を押し開けて中に入る。旧大学舎ができた一七一二年から第一次大戦が始まった一九一四年まで、ずっと学生牢として使われてきた。禁を犯して決闘をしたり、酔っ払って乱暴を働いたりした学生は二週間この牢に入れられたが、その間でも講義を聞きに行くことは許されていた。普通なら警察のブタ箱に放りこまれるようなケースでも、学生の処罰権は大学当局にありとされ、この牢に入れられた。

この牢に入れられるということは、勇ましい学生だという箔《はく》を付けたことになり、名誉と考えられていた。牢内の壁にも天井にも、ろうそくの煤《すす》などで丹念にかかれた氏名、落書、家紋、自画像などがひしめきあって残っている。ここの学生には名門貴族の子弟も多かった。新しいところはみな写真をはめこんであり、学生牢に名を残すことにいかに熱心だったかが分かる。バンカラの学生たちが青春を謳歌《おうか》した、古き良き時代の名残だ。

むきだしの壁に鉄製のベッドとストーブだけという学生牢の各室には、それぞれ王宮、グランド・ホテルなどというアダ名が付けられ、便所は「玉座の間」と呼ばれていた。

ヨーロッパの大学

まず最初に、教授と学生から成る人的な組織ができて、その後から必要に応じて建物という物的な要素が付け加えられていったのが、ヨーロッパの大学の伝統である。そのため、歴史の古い大学の本部や旧来の校舎は市内のあちらこちらに散在しており、外から見ただけでは一般の建物と区別がつかない。いわゆるキャンパスなるものは存在しない。

一九世紀あたりから国家の方針でポンと新たに設立されたような大学だけが、一定のまとまった広い敷地、つまりキャンパスの中に建っている。考えてみれば国公立、私立を問わず日本の大学はみなこの方式なのであって、そこがヨーロッパの古い大学とは根本的に違う。

もちろんヨーロッパの古い大学でも、市の中心部にある旧来の校舎は拡張する余地がまったくなく、時代の要請に応じた新しい実験設備などを設けることもままならない。そこで市の周辺部に広い敷地を取って、主として理科系の学部のために校舎を新設し、旧来の校舎は主として文科系の学部に振り向けるということが、広く行われている。例えばハイデルベルク大学でも、世界に名高い医学部などは新市街のノイエンハイムにある。

レストラン「騎士の家」から朝市の広場へ

⑥騎士の家 Haus zum Ritter は、ルネッサンス式の美しい建物だ。スペインの迫害を逃れて、フランドルから移住してきた新教徒の富裕な商人シャルル・ベリエが、商館を兼ねた住宅として一五九二年に建てた。正面外壁がフランドル風の凝った造りになっているのはそのためで、さまざまの楽しい彫刻で飾られている。棟上に悪竜を退治した聖ゲオルクの甲冑《かっちゅう》姿の胸像があるところから、「騎士の家」と呼ばれるようになった。

騎士の家

一六八九年に全市がフランス軍の焼き討ちにあった時も、一六九三年の大火の時にも無事だった貴重な建築である。後に市参事宴会場になり、今ではホテル・レストランになっている。このような歴史的建造物であるにもかかわらず、値段は普通のレストランとちっとも変わらないのが嬉《うれ》しい。味も上々なので、ぜひ行ってみたい所だ。ホテルとしては、この建物だけではとうてい部屋が足りないので、隣接している家々を買い取り、壁をぶち抜いて中から往来できるようにして使っている。

⑦聖霊教会 Heiliggeistkirche は二代目の建物で、もとは簡素なロマネスク式であったが、一四〇〇年に改築が始まり、一五四四年に後期ゴシック式で完成を見た。教会の外壁に寄り添うように、小さな店が並んでいるのが珍しい。中世にはどこの教会でも、このように外壁に小さな店がくっついていたのだが、よそではみな取り除かれてしまい、ここハイデルベルクの聖霊教会だけが昔の姿を残しているのだそうだ。

⑧マルクト広場では、水・土曜の朝七時から一三時まで朝市が立つ。野菜、果物、チーズ、腸詰、生花などの露店がたくさん出て、写真に良い。ちなみに火・金曜には、旧市街西南寄りのエーベルト広場で同様の朝市が立つ。

城と町の眺めがすばらしい古橋アルテ・ブリュッケ

聖霊教会の北側からシュタインガッセという通りに入ると、カール・テーオドール橋、またの名⑭アルテ・ブリュッケの塔門が見えてくる。もともとここには木造の橋がかかっていて、敵に攻められた時の用心のために両端とも跳ね橋になっていたのだが、ルイ一四世のフランス軍に焼かれたり、流氷が詰まって押し流されたりしたので、選帝侯カール・テーオドールが一七八八年に現在のような石橋を造ったのである。

土地の人はこの橋をアルテ・ブリュッケ Alte Brücke と呼んでいる。直訳すれば「古い橋」ということになるが、それでは感じが出ない。ドイツ語のアルト（女性名詞の前ではアルテ）という形容詞はただ単に古いというだけではなく、懐旧の思いをこめて使われることがある。有名な戯曲の題名 Alt-Heidelberg もそうで、日本語にしにくいためそのまま『アルト・ハイデルベルク』というのが通例になっている。私たちも、この橋をそのままアルテ・ブリュッケと呼ぶことにしよう。

昔はネッカー川に沿って城壁があり、この塔門はアルテ・ブリュッケの守りを固めるとともに、城門の役割をも果たしていた。内部は三層になっていて、西側の塔は牢獄、中央部は借金を払えないで訴えられた者を拘置しておく場所でもあった。一七九九年に、フランス革命軍がこの橋から強襲をかけたとき、塔門が威力を発揮して、守備に就いていたオーストリア軍に撃退された。橋の石畳は、人のよく

アルテ・ブリュッケの塔門

通る所だけすり減っており、二〇〇〇年の星霜を偲《しの》ばせる。

ハイデルベルクには、古城と町とネッカー川を同時に眺められる、景色のいい場所が三つある。いちばん良いのは、後述の⑰哲学者の道と⑮ネッカー河岸のあたりの水辺で、その次は⑭アルテ・ブリュッケの上だ。団体旅行などであまり時間のないときでも、少なくともこの橋の上までは行ってみるべきだ。⑧マルクト広場からでも、⑲観光バス駐車場からでも、すぐである。

もうちょっと時間があるとき、私がぜひおすすめしたいのは、⑮のあたりの川っぷちである。ネッカーの清流とアルテ・ブリュッケを前景に、緑の山を背景にして、古城と町がうっとりするほど美しい姿を見せ

ネッカー河畔から見たアルテ・ブリュッケと古城

てくれる。白い船が通りかかりでもすればなお良い。赤っぽい石で築かれ、いくつものアーチが微妙な弧を描いているアルテ・ブリュッケのたたずまいは、このあたりの水辺から見るときが最もすばらしい。

『アルト・ハイデルベルク』には、ネッカー河畔の夜の情景がよく出てくる。ハイデルベルクで泊まる場合は、両岸の家々に灯がともり、城が照明に浮かびあがる頃、もう一度アルテ・ブリュッケの上を散歩してみると良い。

昼間にもっと時間が取れる人には、川向こうの山腹を行く⑰フィロゾーフェンヴェーク Philosophenweg（哲学者の道）の散歩が絶対のおすすめである。京都の「哲学の道」は、この「哲学者の道」が元祖だという。アルテ・ブリュッケから一気に、その名も⑯シュランゲンヴェーク（蛇道）というつづら折りの道を登ってもよく、西方のノイエンハイムから緩やかな坂道をぼつぼつと登ってもよい。ときどき木立の間から、ハイデルベルクの全景がパノラマのように開ける。

アルト・ハイデルベルク

作者はマイヤーフェルスター（一八六二〜一九三四年）。彼はベルリンで雑誌の編集に従事し、かたわら小説や戯曲を書いていたのであるが、一八九九年に学生時代の体験をもとにして小説『カール・ハインリヒ』を発表したところ、大好評を得るに至った。それを自ら脚色して五幕ものの芝居に書き改めたのが『アルト・ハイデルベルク』で、一九〇一年にベルリン座で初演され、爆発的な人気を呼んだ。

その後この作品はドイツはもとより世界各国でしばしば上演され、また『学生王子』という題名で映画やミュージカルにもなって、ハイデルベルクの名を世界に広めるという役を果たした。日本では一九一三年（大正二年）に、『思い出』という題名で初演された。

時代設定は一八八〇年代。既にプロイセンの主導のもとにドイツ帝国が成立していたが、大小とりまぜて二二の君主国と三つの自由都市が帝国を構成し、それぞれの君主国では王とか大公とかが内政上の全権を握って君臨していた時代である。ヒーローのカール・ハインリヒはそういう大公の跡取りで、ハイデルベルク大学に入学し、大いに羽目をはずして青春を謳歌し、給仕娘ケーティーと恋におちいる。しかし伯父である大公が重病にかかり、カール・ハインリヒは後ろ髪をひかれる思いで国へ帰る。やがて大公は世を去り、カール・ハインリヒが即位する。

が、宮廷生活は儀礼でがんじがらめになっており、憂鬱《ゆううつ》そのもの。カール・ハインリヒはハイデルベルクが無性に懐《なつ》かしくなり、意を決して出かける。しかし、今や恐れ多くも大公殿下であらせられるカール・ハインリヒに対し、人々は以前のように打ち解けてはくれない。ひとりケーティーだけは昔のままだ。二人はヒシと抱きあい、変わらぬ愛を誓うが、所詮《しょせん》は別れねばならぬ運命にある。

ドイツ文学史上では、マイヤーフェルスターの作品はあまり高く評価されていない。作中人物の性格や心理の描写が浅く、筋の運びにも必然性が乏しく、読む者の心にぐいぐいと迫ってくるような迫力がないからだ。『アルト・ハイデルベルク』もそうである。ただ私たちがこの作品を読んで強く興味をひかれるのは、古き良き時代のハイデルベルクと学生生活のありさまを活写してある部分だ。

詩情溢《あふ》れるハイデルベルク城

旧市街に戻って、ハイデルベルク最大の見どころである城に登ることにしよう。⑩コルンマルクトKornmarkt（穀物市場）という名の小さな広場の奥に、城の近くまで行くケーブルカーと、本来の登り道である⑪ブルクヴェークBurgweg（城道）とがある。

ハイデルベルク城の古図。今では裏側（右端）から入るのが通例になっている

城郭に興味を持っていて、歩くのが楽しいという人には、このブルクヴェークを歩いて登ることをおすすめしたい。古図を見れば、昔はこれが城へ登るための唯一《ゆいいつ》の道であったことが分かる。頭上に一段また一段と城壁が連なり、高い塔がそびえ、途中にいくつも城門があって、感興はひとしおである。

ところが、ケーブルカーを利用した場合や観光バスで乗りつけた場合には、図に⑫と表示してある所、つまり城の裏側から入ることになる。ネッカー川のほとりから見上げたときには、いかにも壮大で要害堅固な城という感じだったのに、ここまで来てしまうとあまり城らしい城という感じがしなくて、ちょっと拍子抜けするくらいだ。

ハイデルベルク城は山の斜面に築かれているので、乗物で裏側へ回りこんでしまえば、どうしてもそういうことになる。だからこの名城へのアプローチを楽しみたい人には、表側からブルクヴェークを歩いて登ることをおすすめしたいわけである。裏側から入った場合には、後述する塔門のあたりまで来た時にやっと城らしい城という感じがしてくる。

ハイデルベルク城は、一〇世紀か一一世紀頃にできたと考えられているが、史料は何も残っていないそうだ。そして当初はヴォルムスの司教の持ち城だったのを、一二二五年にプファルツ伯ルートヴィヒ一世が買い取って本拠にした。当初の城はごく小さな規模だったが、一四世紀から一七世紀の前半にかけて何回も増改築の手が加えられた結果、ゴシック式、ルネッサンス式、初期バロック式の建築が入り混じる複雑な構成になった。

城の外まわりが無残に破壊されたのはプファルツ継承戦争の時で、ルイ一四世のフランス軍のしわざである。この戦争は次のようなわけで起こった。

全ドイツを荒廃に帰せしめた三十年戦争が終わったあと、プファルツ選帝侯カール・ルートヴィヒはフランスと結ぶことによって自国の立場を強め、またライン地方の平和をも持続させようとし、娘エリザベート・シャルロッテ（愛称リーゼロッテ）をルイ一四世の弟オルレアン公に嫁がせた。当時の君主国は君主の私有財産のように考えられ、もし跡取りが絶えると、姻戚《いんせき》関係を理由にとんでもない方向から相続権すなわち領有権を主張される可能性があった。選帝侯には息子がいたから、その点でフランスにつけこまれるすきはなかったはずなのだが、息子が跡取りを残さないで死ぬと、かねてライン地方を狙《ねら》っていたルイ一四世が弟の姻戚関係から相続権を主張し、大軍を発してプファルツ選帝侯国を攻めた。これが一六八九年から九七年まで続いたプファルツ継承戦争だ。

その時にハイデルベルク城はフランス軍の砲撃や、火薬を仕掛けての爆破により、散々に壊されたのである。

ルイ一四世の野望に脅威を感じた列国の力で、結局フランス軍は撤退した。次の選帝侯は城を半ば修復したところで、ついに完全修復をあきらめ、ライン河畔にあって交通に便利なマンハイムに宮廷を移してしまった。いずれにせよ中世以来の山城は、君主の居城としても、また軍事的な意味からも、もはや時代遅れになっていたのだ。戦火にあって半ば崩れ落ちたままであるため、この城はなおいっそうロマンチックな詩情をたたえ、多くの人をひきつけるのであろう。

城のテラスから眺望を楽しみ巨大なワインの樽《たる》が並ぶ酒倉へ

城の塔門は五層造りで、五一メートルの高さがあり、一六世紀の前半にできた。内外二重の空堀で守られ、現在は石橋がかかっているけれども、もとは二重の空堀のどちらにも木造の跳ね橋がかかっていたことが、壁に残っているくぼみから分かる。橋を跳ねあげると、それがそのまま城門の扉になる仕掛けである。

敵に急襲された時の用心のために、ポルトカリスも備えられていた。太い鉄格子《てつごうし》の落とし戸で、先端が鋭く尖《とが》っている。いつもは垂直に塔門の中に引き揚げてあるが、支えの綱を叩《たた》き切ると一瞬にして落下し、門をふさいでしまう。塔門の上に出っ張っているのは石落としで、敵の頭上から大きな石を落としたり、弩《いしゆみ》を射かけたりするのに使われた。

塔門から中庭に入ると、前記のようにさまざまの時代に造られた建物がびっしりとまわりを囲んでいる。塔門から入ってまっすぐの突き当たりにある部分がフリードリヒ棟で、ドイツ・ルネッサンス建築の一傑作とされ、いろいろと彫像などの装飾が付いていて写真に良い。選帝侯フリードリヒ四世により、一五九二年から一六一〇年にかけて造られた。

フリードリヒ棟と売店の間からトンネルのような通路を抜けて、町とネッカー川を見渡すテラスに出ることができる。城内ではここがいちばん眺めの良い所だ。ちなみに前記のブルクヴェークを歩いて登って来ると、昔の道は城の東側をぐるっと回るようになっているのだが、今では堡塁《ほうるい》の下部を貫く通路が設けられていて、直接このテラスに上ることができる。

フリードリヒ棟の前に戻り、こんどは地下室に向かうような感じで斜路を下りてファスバウ Fassbau（大樽棟）に入る。有料だが、ここは絶対に見ておくべき所。ハイデルベルク城名物のワインの大樽がずらりと並んでいる。どれもこれもちょっとした家ぐらいの大きさだが、最大の樽は二二万一七二六リットル（一二二九石）入りだ。この怪物のような大樽の上には舞台が造りつけられており、そこで飲めや歌えやの大パーティをやったという。

家ぐらいの大きさの樽。上には舞台、左下にペルケオの像が見える

プファルツ選帝侯国はワインの名産地で、年貢《ねんぐ》としてあがってくるワインを入れておくために、こういう大樽がいくつも必要だったのだ。我々も入口のホールで、ワイ

ンの試飲をすることができる。
大樽の前に、こびとの道化師で酒倉番でもあったペルケオの像がある。彼は選帝侯カール・フィリップ(在位一七一六〜四二年)に仕え、小さな身体《からだ》のくせにワインを立て続けに一〇本も飲みほしてしまうという芸が売りものであった。さぞかし肝臓に悪かったろう。ペルケオは人をびっくりさせる仕掛けを作るのも得意であったが、その一つは今でも彼の像のかたわらに取り付けられていて、訪れる女性客をキャーッと言わせている。
城の建物の内部を見学するには、中庭の西側にある入口から入る。城の案内人が説明をしながら、大勢の見学者をひとまとめにして部屋から部屋へと連れて歩く方式だ。大広間や礼拝堂などがあるが、取り立てて興味をそそられるというほどではない。それより中庭の東側から入るドイツ薬学博物館の方が面白い。昔の薬の処方箋《せん》、薬用に使われた草根木皮や鉱物、薬局、錬金術師の仕事場を思わせる古めかしいレトルトの並ぶ塔などがある。

学生酒場「ゼップル」と「赤い雄牛」

城の前からまたケーブルカーに乗って次のモルケンクーアMolkenkurまで登ると、

眺めの良いレストランがある。ただし、城はここからでは一部しか見えない。さらにケーブルカーを乗り継ぐと、山頂のケーニヒシュトゥール Königstuhl（王の椅子《いす》）に達する。テレビ塔に展望階が設けられており、三六〇度の眺望が開けるが、あまりにも広々としていて、とらえどころがなく、写真には向かない。

それより楽しいのは、ここを拠点にして森の中の小道を散歩することだ。時間が許せば町まで歩いて降りるとなお良い。『アルト・ハイデルベルク』の主人公カール・ハインリヒはこの山が大好きで、しばしば町から歩いて登ったことになっている。

ケーブルカーで町まで降りて「本通り」を⑱カール門の方へ歩いて行くと、左側にゼップル Sepp'l とローター・オクセン Roter Ochsen（赤い雄牛）という名高い学生酒場が並んでいる。今では客の大部分は外国人観光客という感じであるが、ひと昔前までは毎晩大勢の学生たちが集まり、ビールやワインを痛飲し、放歌高吟したということだ。ゼップルには、学生たちが掻《か》っ払《ぱら》ってきたユーモラスな道路名、医師名などの表示板が所狭しとばかりに飾られている。

日本で出ているガイドブックには「アルト・ハイデルベルクの舞台になった学生酒場、赤い雄牛」と書いてあるものもあるが、それは疑問だ。原作ではリューダーという酒場が舞台で、それはネッカー河畔にあり、向こう岸に城が見えたということになっている。町の灯が川面《かわも》にきらめき、学生団はボートでリューダーに乗りこみ、カール・ハインリヒとケーティーもボートで夜の川に乗り出して恋をささやいたりした。物語の抒情性《じょじょうせい》を高めるために、原作では川が繰り返し重要な役割を果たしているのだ。

カール門は、ハイデルベルク市民が選帝侯カール・テーオドールに捧《ささ》げた記念門で、一七八一年に完成した。堅固な石造りで、ただ記念門として遊ばせておくにはもったいないと考えられたのか、地下と階上は牢獄《ろうごく》に転用された。壁には鉄の足かせが、窓には頑丈な鉄格子が取り付けられているのはそのためだ。

ネッカー河谷

ネッカー川沿いに古城街道を行く

ハイデルベルクからハイルブロンまでネッカー川に沿って行く道は、ブルゲンシュトラーセ Burgenstrasse の一部だ。ドイツ語をそのまま訳せば城塞《じようさい》街道ということになるが、日本では古城街道の名で知られている。

古城街道は西はライン河畔のマンハイムに発して、右記のようにネッカー河谷をさかのぼり、ハイルブロンで方向を転じ、ローテンブルクでロマンチック街道と交差したのち、東はニュールンベルクに達している。古城街道というのは観光促進を目的として新しく作られた愛称であって、昔からそういう名で呼ばれていたわけではない。しかし、古城街道そのものは非常に古い歴史を持ついくつかの街道を順につなぎ合わせるという形で構成されている。途中に古城がいくつもあるということは、逆に言えばその街道が少なくとも中世の昔から重要な交通路であったことを物語っている。ネッカー川沿いの道はその好例であって、たぶんローマ時代から使われていたのであろう。

ネッカー川はシュトゥットガルトまでかなり大きな川船が航行できるようになっている。よく見ていると、途中にいくつも低いダムが設けられていて、川船の航行に便利なように水位が上げられ、ダムのかたわらには船を上げ下げするための水門があるのが分かる。ハイデルベルクのカール門のすぐ上手にも、低いダムと水門とがある。緑の山あいを縫うようにして、貨物船や客船が悠々と航行している光景は、日本では見られないだけに非常に印象的だ。

もし時間があれば、ハイデルベルク旧市街の⑬船着場からネッカーシュタイナッハNeckarsteinachまで船に乗ると、忘れられない楽しい思い出になる。

ディルスベルク城とヒルシュホルン城

ハイデルベルクをあとにすると、まず最初の見どころはディルスベルクDilsbergの城塞だ。

陸上を行く旅であれば、本街道はディルスベルクの対岸を通るので、その手前のネッカーゲミュントNeckargemündで本街道から離れ、ネッカー川の左岸（南岸）沿いのわき道に入らねばならない。ネッカーゲミュントは、記録に初出するのが九八八年という古い歴史を持っている小さな町で、古風な家並みがよく残っており、写真によい。『アルト・ハイデルベルク』では、学生たちが毎日のようにこの町の酒場にやって来たことになっている。

わき道を進むこと五キロあまりで、山上の城郭町ディルスベルクの下に着く。ひときわ高い岩頭に古城の廃墟《はいきょ》があり、塔がそびえている。塔上からは、ネッカー河谷と城郭町ディルスベルクの景観がすばらしい。

ネッカーゲミュントに戻って橋を渡り、右岸の本街道を進むと、すぐにネッカーシュタイナッハに着く。船で来た場合には、ここで下船することになる。まわりの高い所に四つの城があって街道を見下ろす形になっているが、残念ながら写真うつりは良くない。

次はブルク・ヒルシュホルン Burg Hirschhorn（鹿角城）である。ネッカー川が鋭いカーブを描いている谷の奥にあって、その昔はこの城ひとつで完全に街道を押さえることができたであろう。今では新道がこの谷をショートカットしており、よく気を付けていないと、あっという間に通り過ぎてしまう。新道からチラッと見ただけでもなかなか立派な城という感じであるが、旧道に入って小さな城下町に近付くと、城は堅固な城壁で守られた高台の上に堂々たる姿を現す。

城下町そのものにも城壁の一部と城門が残っており、狭い旧道に沿って古風な家々が軒を並べていて、写真に良い。城は今ではホテル・レストランになっている。城の塔や城壁など最古の部分は、一二〇〇年頃にできた。城の居館《きょかん》は一四世紀に造られたゴシック式の部分と一六世紀に増築されたルネッサンス式の部分とが合わさっており、風情《ふぜい》がある。塔に登ると、ネッカー川の緑の谷が一望のうちだ。

美しい木骨組の家々が並んでいる町や鉄腕騎士ゲッツの城

ヒルシュホルンを出ると、次はエーバーバッハ Eberbach の町である。北の方マイン河畔のミルテンベルクに達する古来の街道がここで分岐しており、昔は交易で栄えたということで、中世以来の町を囲んでいた城壁の塔などがあちらこちらに残っている。古さびた木骨組の家もたくさんあって、夏はどの家も色とりどりの花で飾られ、絵のように美しい。ネッカー川沿いの新道を車で走っている分には、何の変哲もないような小さな町なのであるが、町のなかを歩いてみると非常に楽しい。

エーバーバッハでも、またその次のツヴィンゲンベルク Zwingenberg でも山上に古城が見える。

中世風の家並みがそっくり残っている町を見たいと思う人は、ネッカーエルツ

ゲッツ・フォン・ベルリヒンゲンの居城だったホルンベルク城

Neckarelzでしばしネッカー河谷から離れて国道27号線に入り、モースバッハMosbachを訪ねるとよい。古絵図から抜け出てきたような木骨組の家々がたくさんある。これらの家々はだいたい一五世紀頃から一七世紀頃にかけて造られたもので、厳密にいえば中世ではないのだが、それにしても見事に保存されていて、今なお住宅、商店、カフェ・レストランなどとして使われているのには感嘆させられる。

　次は、ゲーテの史劇『ゲッツ・フォン・ベルリヒンゲン』の主人公の居城として名高いブルク・ホルンベルクBurg Hornberg（角山城）だ。一二世紀頃に築かれ、たびたびの増改築を経て、今なおネッカー河谷随一の城らしい城として、ブドウ畑と森におおわれた山上に威容を誇っている。今では城塞の部分が博物館になっていて、ゲッツの甲冑《かっちゅう》などが展示されており、居館の部分はホテル・レストランになっていて昼食にもってこいだ。人数がまとまると、バイ・ゲッツ・ツー・ガスト Bei Götz zu Gast（ゲッツの所で客になる）という名の宴会を予約することもできる。

ホルンベルク城をあとにすると、はるか向こう岸の丘の一角にグッテンベルク城 Burg Guttenberg が見えてくる。堅固な城壁と塔を備え、世界中から集められたさまざまの猛禽類《もうきんるい》を飼育していることと、よく調教した鷹《たか》や鷲《わし》などを飛ばせて見せてくれることで名高い。

鉄腕騎士ゲッツ

ゲーテは二四歳の時、自由のために戦い自由のために生命を捧《ささ》げた騎士というテーマで、史劇『ゲッツ・フォン・ベルリヒンゲン』を発表し、文名一時に高くなった。同時にゲッツの名も、広く世に知られるようになる。実在のゲッツはもっとしたたかな男で、たびたびの危機を切り抜け、当時としては珍しい八一歳という長寿を全うし、持ち城の一つであったホルンベルク城で生涯を終えた。

ゲッツは、ここから三〇キロほど東にあるヤークストハウゼンの城で、一四八〇年に生まれた。日本ではちょうど戦国時代に入る頃だ。そして少年の頃から数々の戦闘に参加し、腕を磨いた。二四歳の時、砲丸で右腕を吹っ飛ばされたが、鉄製の精巧な義手で剣を操り、無類の強さだったので、鉄腕ゲッツの異名をとった。

ゲッツは若い頃は諸侯に仕え、長じるに及んでは傭兵《ようへい》隊長やフェーデ（私闘）で荒稼ぎをした。フェーデはゲルマン時代に起源を持ち、紛争の解決に当たって話し合いがつかないときは武力によるという慣習である。国家権力が確立されていなかった時代には、それなりに問題解決の役割を果たしていたのであろうが、この頃になると不合理で有害極まる慣習であることは誰の目にも明らかであった。それで農民や市民は、とっくの昔から法廷で決着をつけるという制度を守るようになっていたのに、ゲッツのような一匹狼《おおかみ》の騎士たちだけが、フェーデを正当な権利だと主張して譲らなかったのである。

フェーデを放置しておくと無法と暴力がまかり通ることになるので、諸侯や都市はこういう騎士を目の敵にし、共同して武力で押さえこもうとした。シュヴァーベン地方の都市が中心になって同盟を結成した一半の理由もそこにある。

一五二五年の農民戦争の時、ゲッツは農民軍に頼まれて指揮者になったが、旗色が悪くなったので、農民軍と契約した四週間の期限が切れたと言って、自分の城に引き揚げてしまった。戦争のプロとして、負け戦《いくさ》と決まったものには付き合うのはご免だったのだろう。ゲーテの劇では最後まで奮戦し、「自由」を高唱しながら壮烈な最期《さいご》をとげることになっている。

事実はシュヴァーベン同盟軍につかまって牢《ろう》に入れられ、「もう秩序を乱すようなことはしません」と誓約し、やっと釈放されたのである。しかし腕の立つことは鳴り響いていたから、六〇歳代になってもなお皇帝カール五世から傭兵隊長として招かれ、対トルコ戦や対フランス戦に出陣した。

最高にすばらしい城塞都市バート・ヴィムプフェン

ネッカー河谷をひとりで旅する時、ハイデルベルクからネッカーシュタイナッハまでは船に乗るという手もあることは前述した。しかし、もっと上流まで行くには鉄道を利用するほうが便利で、ハイデルベルクからハイルブロンへ行く列車は一時間あまりでバート・ヴィムプフェン Bad Wimpfen に着く。途中ネッカーゲミュントからローカル線に入る列車ならば、ヒルシュホルンなどにも寄る。

ひとり旅であれ団体であれ、もし時間の都合からネッカー河谷でただ一カ所にだけ寄って行こうというのであれば、このバート・ヴィムプフェンがベストである。

町はイム・タール Im Tal「谷間」と、アム・ベルク Am Berg「山上」に分れている。ローマ時代にゲルマン人の侵攻に備えて「谷間」に城塞が設けられ、軍団の分遣隊が駐屯するようになったのが町の起源で、コルネリアと呼ばれていた。ローマ時代の城塞の遺構は、「谷間」の町で発掘されている。

バート・ヴィムプフェン。「皇帝の城」の郭内

フランク王国の時代に入って、町はヴィムプフェンと呼ばれるようになった。そして九〇五年にマジャール人が侵入してきて、町と修道院を略奪破壊し去ったというのが、記録に現れる最初だという。その後も「谷間」の町と修道院は存続して今日に至っているが、町の中心は外敵に対して守るにやさしい「山上」に移った。

シュタウフェン家の皇帝フリードリヒ・バルバロッサは、ヴィムプフェンの立地条件が気に入り、一一八二年にここを居城地の一つと定め、今日まで遺構をとどめているカイザープファルツ（皇帝の城）を建設した。以来、約七〇年間にわたってシュタウフェン家の皇帝たちは、しばしばヴィムプフェンに滞在するようになる。シュタウフェン家には城がいくつもあり、皇帝はその時々の情勢に応じて家臣団を引き連れ、城から城へと移動するのが常だったのである。

皇帝の居城地になったのをきっかけにヴィムプフェンは大いに発展し、帝国直属の自由都市の地位を獲得した。自由都市の象徴である印章が初めて使われたのは一二五〇年のこと。そして、一八〇二年にナポレオンの政策でバーデン王国に併合されるまで、帝国自由都市として存続した。

メルヘンの世界を思わせる木骨組の家々と皇帝の城

バート・ヴィムプフェンの駅で降りると、すぐ目の前の高台に「山上」の町すなわち旧市街の城壁と、「皇帝の城」の塔がそびえている。坂道を上って旧市街の城門をくぐり、さらにシュヴィープボーゲン門（別名シュタウフェン門）を通って、「皇帝の城」の郭内に入る。旧市街はその西側に続いており、見事な木骨組の家が多い。

車の場合には、ハイルブロンに向かう本街道から離れてネッカー川の橋を渡り、そのまま坂道を上って旧市街の南外側にある駐車場に入る。

旧市街の城壁は「皇帝の城」を間にはさんで北東側と南東側がかなりよく原形をとどめている。写真には南東側がいちばんだ。深い空堀を前にして城壁の遺構が連なり、その後ろから古さびた木骨組の家々が壮大な三角形の切妻をのぞかせている。さらにその向こうには、「皇帝の城」の高い塔も見える。ドイツに数多くある古都のなかでも、写真うつりがすばらしいことにかけては恐らく五指のうちに入るのではなかろうか。

旧市街は一辺の長さ五〇〇メートルぐらいの三角形をなしており、どこへでも歩いて行ける。数百年の風雪に耐えてきた木骨組の家々が建ち並び、庭や窓辺は花いっぱいで、どちらを向いてもうっとりするほど美しい眺めである。広場から小道へ、小道から城壁のあたりへと、心のおもむくままに歩いて回ると、いつしかメルヘンの世界に遊んでいるような思いがしてきて、時の経《た》つのも忘れてしまう。

バート・ヴィムプフェンは、第二次大戦中に爆撃を受けなかった数少ない町の一つである。ひとくちに木骨組といっても、用途や地形に応じてさまざまの変わった形の家々があり、それらがすべて昔のままの姿で残っているのが、この旧市街の大きな特色である。

「皇帝の城」は、旧市街が東に向かって突出している一角にある。シュタウフェン家が断絶したあと、城郭内の土地は市民に払い下げられて民家が建ち並び、町との境にあった城壁も取り壊されてしまったため、町の方から行くとどこからが昔の城郭だったのかよく分からない。しかし地図を見ると、昔の城郭の線がはっきりと道路になって残っており、前記のシュヴィープボーゲン門もこの線上にある。

「皇帝の城」の威容を今に伝えている建造物としては、まず第一にブラウァー・トゥルム Blauer Turm（青い塔）がある。屋根に使われていた石板が青っぽい色をしていたことから、青い塔という名が生まれたという。高い塔上にはとんがり屋根が並び立っており、その姿はどこからでもよく見えて、町のシンボルになっている。この塔が「皇帝の城」の西端であった。階段を歩いて塔上に登ることができ、旧市街とネッカー川が眼下に眺められて絶景である。二四時間態勢で火の見と鐘鳴らしの役をつとめていた塔守りの住居が、最上階に設けられている。

次はシュタインハウス Steinhaus という古さびた石造建築で、歴史博物館になっている。続いて城壁の上にロマネスク式の柱廊が延びている。かつての皇帝宮殿の北面を飾っていたもので、宮殿がまったく消滅してしまっている今となっては、シュタウフェン家の栄光を物語る貴重な建造物である。柱頭や柱身の彫刻は一つずつみな違っていて、いかにも騎士文化華やかなりし頃の皇帝宮殿にふさわしい重厚な趣をたたえている。一二世紀ロマネスク式の世俗建築の遺例としても、極めて貴重なものだ。

柱廊に続いて同じくロマネスク式の宮廷礼拝堂、少し離れてローター・トゥルム（赤い塔）がひっそりと建っている。

時間があれば「谷間」の町、ヴィムプフェン・イム・タールにも寄ってゆこう。見どころはフランク王国の時代に創建された修道院教会 Stiftskirche で、現在の建物はロマネスク式とゴシック式の部分が混じり合っている。場所は駅から少し上流寄りだ。

ヴィムプフェン・イム・タールでは地下から濃い塩水が湧出《ゆうしゅつ》し、昔から製塩や鉱泉浴に利用されてきた。地名にバートBadが付いているのはそのためである。

シュヴェービッシュ・ハル

塩業と造幣で栄えた中世都市

古城街道はネッカーズルムで東に向きを変え、緑美しいシュヴァーベン地方を横切って、ローテンブルクでロマンチック街道と交差し、ニュールンベルクに達する。シュヴァーベンの名は、民族大移動のあとこの地方に定着するに至ったゲルマンのシュヴェービ族に由来する。なお、スヴェービ族の半分は大移動を続けてイベリア半島の西北部に達し、スペインのガリシア地方やポルトガル北部の文化に、今なお痕跡《こんせき》をとどめていることを付記しておこう。

シュヴァーベン地方はゆるやかに起伏する丘陵地帯で、森や牧草地が多く、昔ながらの家並みを持つ美しい農村や小さな町が点在している。そして民謡の宝庫としても名高い。そういうシュヴァーベン地方でぜひ寄って行きたいのが、シュヴェービッシュ・ハル Schwäbisch Hall だ。古城街道の途中のクプファーツェル Kupferzell から南へ一五キロほど入った所にある。高速6号線からの降り口も、やはりクプファーツェルだ。

前記のようにハル Hall とはケルト語で食塩、あるいは食塩の産地を意味し、南ドイツからオーストリアにかけては、ケルト時代以前からの古い歴史を持つ食塩の産地で、ハルという地名を伝えている町がいくつもある。それでお互いに区別するために、この町の正式名称はシュヴェービッシュ・ハル、つまりシュヴァーベン地方のハルということになっている。土地の人はただ単にハルと呼んでいる。

中世には、ハルは長い間シュタウフェン家の支配下にあった。シュタウフェン家は塩業に課税して大きな利益をあげるとともに、当地にミュンツェ(貨幣鋳造所《ちゅうぞうしょ》)を置いて盛んに銀貨を造った。この銀貨は品質が一定していて信用が高く、ヘラー Häller(ハルもの)と呼ばれて各地で広く使われた。

そんなわけで、ハルは昔から繁栄していたが領主の支配権が強く、長い闘争の末に市参事会が全権を握るに至ったのはほかの都市よりだいぶ遅れて、一三八二年のことであった。その後は帝国自由都市として独立国に準じる地位を保っていたが、一八〇三年にナポレオンの政策によってヴュルテンベルク王国に併合された。一九世紀以降ドイツで近代産業が爆発的に発展した時、シュヴェービッシュ・ハルは立地条件のせいで産業発展の波から完全に取り残されてしまった。そのため目障《めざわ》りな新しいビルが建ち並ぶこともなく、第二次大戦中にもほとんど爆撃を受けず、すばらしい旧市街がそのまま残ったのである。

コッヒャー河畔から旧市街へ

ハルの旧市街はコッヒャー川の両岸に広がっている。右岸（東側）の方が中心部で、坂の町であり、コッヒャー河畔（図の⑦のあたり）から見上げると、壮大な木骨組の家々が斜面に段々に積み上げられたかのように、上へ上へと盛り上がっていて、実に見事な眺めである。

鉄道利用の場合、⑨駅へ着いたらまず⑦のあたりへ出て旧市街の全容を眺めてみよう。路線バス利用の場合はもちろんのこと、貸切バス利用の場合も①バス駅・バス駐車場で降りて、②③はあと回しにし、⑦の方に向かってコッヒャー川沿いの道を歩くのがいちばんだ。

間もなく左手に、一二五〇年に築かれた城壁の隅矢倉だった④ディープストゥルム（泥棒塔）が現れる。泥棒はこの塔内の石牢《いしろう》にぶちこまれることになっていたので、泥棒塔の名が生まれた。続いて⑤ヘンカー橋（縛り首役の橋）がある。中世都市にはつきものだった「縛り首役」、つまり刑吏の詰所が橋のたもとにあったので、こうい

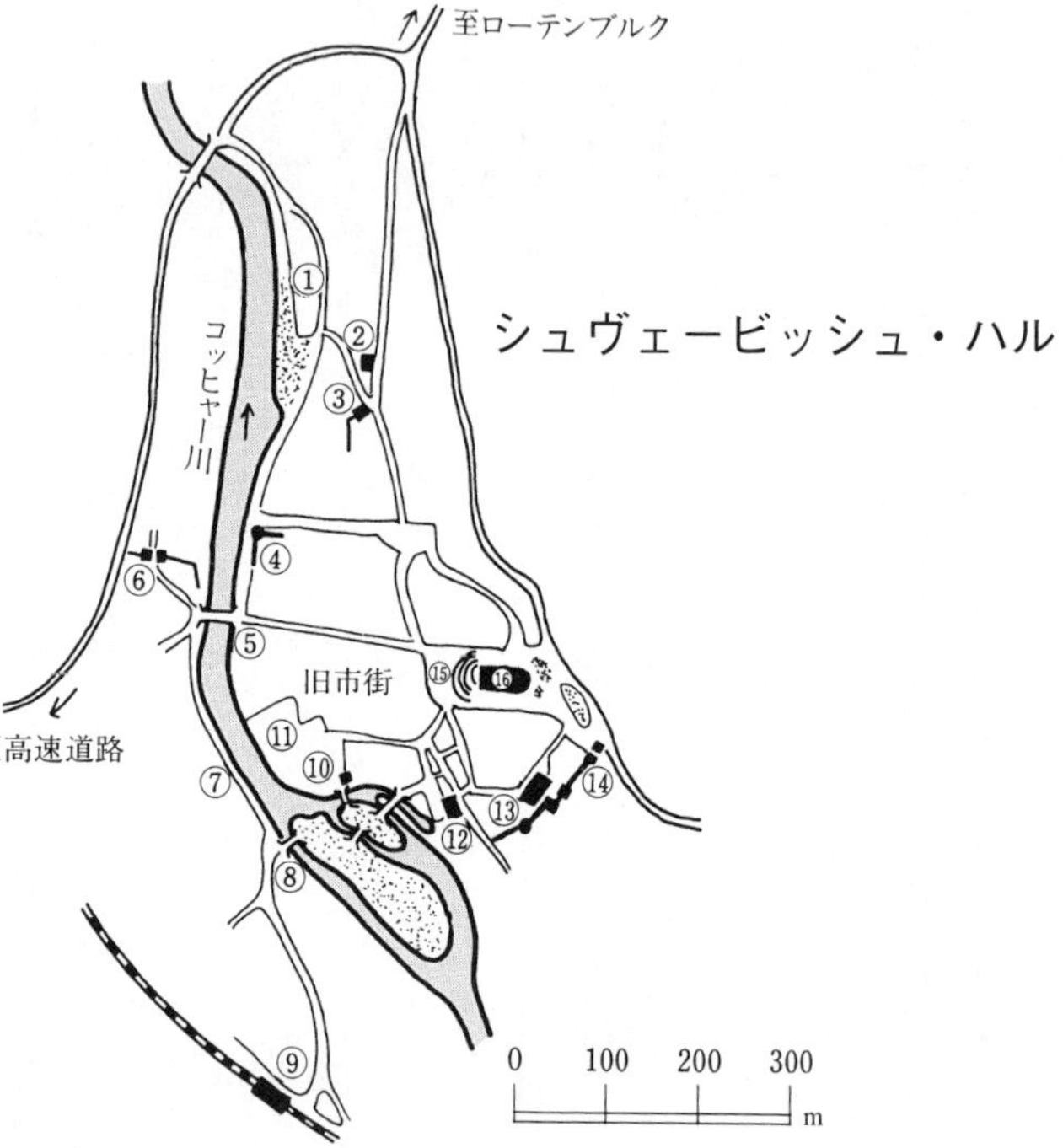

①バス駅・バス駐車場
②グレーター・ハウス
③ヨーゼン塔
④ディープストゥルム(泥棒塔)
⑤ヘンカー橋(縛り首役の橋)
⑥ワイラー門
⑦コッヒャー河岸
⑧ローター・シュテーク(赤い小橋)
⑨シュヴェービッシュ・ハル
⑩ズルファー・シュテーク(製塩場小橋)とズルファートゥルム(製塩場の塔)
⑪ハール広場
⑫ケッケントゥルム(歴史博物館)
⑬ノイバウ(祝祭ホール)
⑭ランゲンフェルダー門
⑮マルクト広場
⑯聖ミカエル教会

斜面に段々に積み上げられたようなハルの街

う名が付いた。ヘンカー橋の手前から川向こうを見上げたところは、緑樹と木骨組の家々が雛壇《ひなだん》のように重なりあい、それが川面《かわも》に影を映じて、写真に絶好である。

橋を渡ってちょっと坂を上ると、一三三〇年に造られた⑥ワイラー門がある。ハルの町は堅固な城壁で囲まれていたのだが、残念なことに一九世紀の中頃にほとんど取り壊されてしまった。このワイラー門は、一四世紀に城壁がコッヒャー川の左岸にまで拡張された時からの生き残りであり、非常に風格があって写真に良い。

コッヒャー川に沿って歩いて行くと、両岸に大小さまざまの姿をした木骨組の

屋根付き木造の「製塩場小橋」。背後に後述の巨大なノイバウが見える

家々が並んでいて面白い。川向こうに見える⑪ハール広場は、今では何の変哲もなく、子供の遊び場か駐車場として役立っているだけだが、古来この町の大きな収入源だった塩泉はここにある。地下から湧《わ》き出る濃い塩水を煮詰めて、食塩を作っていたのだ。今世紀になって他所《よそ》で豊富な塩坑が開発され、ハルの塩業は採算が取れなくなり、塩泉はコンクリートで蓋《ふた》をされたままになっている。

行く手に風雅な屋根付き木造の橋、⑧ローター・シュテーク（赤い小橋）が見えてくる。南ドイツやアルプス地方にはよく、こういう古風な木造の橋がある。屋根は必ずしも雨や雪を防ぐことだけが目的なのではなく、鉄道の鉄橋などと同じで、トラス構造にしておくと力学的に強いからだ。大水が出てもこういう構造になっている木橋は、なかなか流されない。つまりは昔の人の知恵だ。我々もこんな木橋を渡ると、いかにも中世都市へ来たという感じがしてきて楽しい。

「赤い小橋」の手前まで来ると、左手の奥にもう一つ屋根付き木造の橋が見える。⑩ズルファー・シュテーク（製塩場小橋）だ。橋に接してズルファートゥルム（製塩場の塔）が建っている。この塔は町を囲んでいた城壁の一部であり、製塩場のわきにあったためこういう名が付いた。層々と積み重なっている木骨組の家々を背景に、コッヒャー川に姿を映じる製塩場小橋と塔を眺める光景は、非常に印象的である。

シュヴェービッシュ・ハルへ鉄道で行くには

シュトゥットガルト、ニュールンベルク間の幹線を行く列車は、シュヴェービッシュ・ハル・ヘッセンタール Schwäbisch Hall-Hessental という長い名の駅に停まる。この駅はハルの旧市街から東南方へ三キロほど寄った所にあり、旧市街まで行くには支線に乗り換えねばならない。ネッカー河畔のハイルブロンとシュヴェービッシュ・ハル・ヘッセンタールを結んでいる支線の列車は、図の⑨に示してある駅（単にシュヴェービッシュ・ハル Schwäbisch Hall）で停まる。

ケッケン塔からマルクト広場へ

コッヒャー川の右岸に移って、まず⑫ケッケントゥルム Keckenturm を訪ねることにしよう。ロマネスク時代にできた都市貴族の館《やかた》だということだが、間口は狭いのに背はものすごく高く、屋根裏を含めて一〇階建てである。トゥルム（塔）という名はそこから付いた。六階までは石造、その上は木骨組だ。城壁内の土地には限りがあり、都市貴族といえどもこういう狭い敷地でやりくりせねばならなかったのだろう。今は歴史博物館になっていて、先史時代からのいろいろな文化財が展示されている。展示もさることながら、建物自体が非常に興味深い。

展示を見終わって、出口はこちらとい

ハルには巨大な木骨組の家が多い

う方は六階にあり、山手のウンテレ・ヘルンガッセ Untere Herrngasse（下の旦那《だんな》衆《しゅう》通り）へ六階から直接出られるようになっている。六階までは石造になっているのも道理で、一階から五階までがぴったり後ろの崖《がけ》にくっついて建てられているのだ。やはりハルの旧市街は坂の町である。

ウンテレ・ヘルンガッセよりさらに山手にあるのが、オーベレ・ヘルンガッセ Obere Herrngasse（上の旦那衆通り）だ。高い所に段々になっているこれら二つの旦那衆通りに、都市貴族や豪商の館だった壮大な木骨組の家々が建ち並んでいて、コッヒャー河畔からはまるで幻想的な舞台背景のように見えるのである。

旧市街のいちばん高い所に、ひときわ巨大な姿を見せているのが⑬ノイバウである。ノイバウとは新館というほどの意味だが、完成したのは一五二七年。それでも、ハルに数多くある歴史的建造物のなかでは新顔の方だ。そして築後四八〇年ほどたった今でも、なおノイバウ（新館）という名で市民に親しまれている。都市防衛に必要な銃砲刀剣を格納してあった建物だが、今では祝祭ホールとして使われている。

⑭ランゲンフェルダー門を出てノイバウの東外側までの間には、城壁がほぼ昔のままの姿で残っている。

次は⑮マルクト広場である。東側の高い所に⑯聖ミカエル教会があり、教会の前から広場に向かって五四段の広い石段が波紋を描くように半円形に広がっている。非常にユニークな、壮大な石段だ。六月から八月にかけて、ほとんど毎日のように夜ここで野外劇が行われる。五四段、幅七〇メートルの石段が舞台で、背景は教会、そして広場の左右に並ぶ大きな木骨組の家々だ。

聖ミカエル教会は、正面の入口を兼ねている塔が一二世紀中頃にできたロマネスク式で、入ってすぐ正面の柱に病魔を足下に踏みつけている大天使ミカエルの像がある。柱頭に向かって高く大きく翼を広げているところが、よくロマネスクの特徴を表していて印象深い。奥の方は、一五世紀にできた後期ゴシック式のハレンキルへである。

教会の塔に登ることもできるが、塔上からの眺めはあまり感心しない。ハルの旧市街は上から見下ろしたのではダメで、下のコッヒャー河畔から見上げるのがすばらしいのである。

③ヨーゼン塔は、一四世紀に城壁が拡張された時に造られた塔。②グレーター・ハウスは一七世紀にできた木骨組の家で、木骨そのものが複雑な文様をなしていることで知られている。しかしこの家は大きなガラス窓が入ってしまっていて、写真向きではない。

本書は一九九三年三月『新版ドイツの城と街道』としてトラベルジャーナルから刊行された。

ドイツものしり紀行《きこう》

新潮文庫　へ - 2 - 5

平成十七年六月一日発行

著者　紅《べに》山《やま》雪《ゆき》夫《お》
発行者　佐藤隆信
発行所　株式会社 新潮社
郵便番号　一六二—八七一一
東京都新宿区矢来町七一
電話 編集部(〇三)三二六六—五四四〇
読者係(〇三)三二六六—五一一一
http://www.shinchosha.co.jp

価格はカバーに表示してあります。
乱丁・落丁本は、ご面倒ですが小社読者係宛ご送付ください。送料小社負担にてお取替えいたします。

印刷・錦明印刷株式会社　製本・錦明印刷株式会社

ISBN4-10-104325-6 C0126